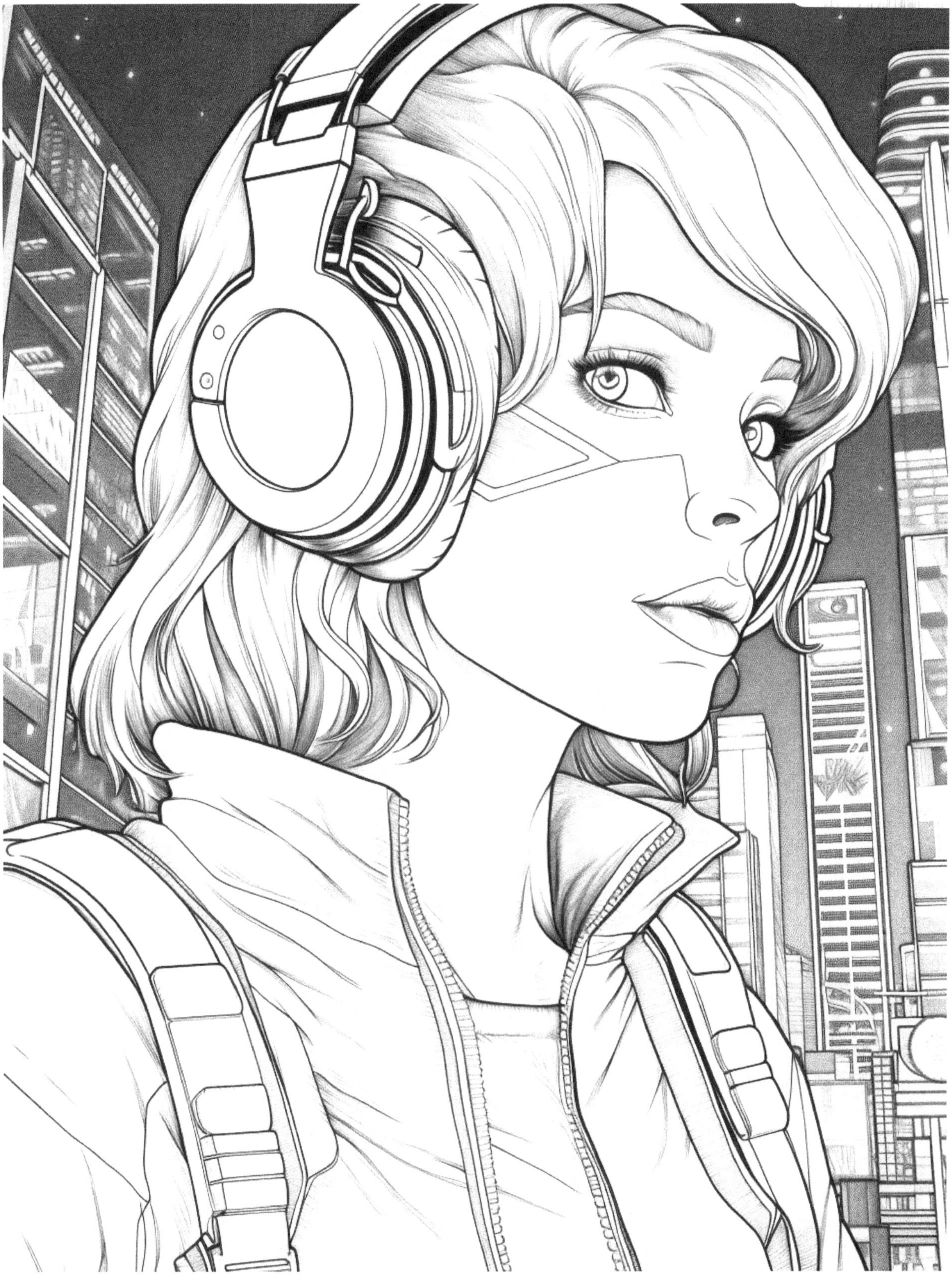

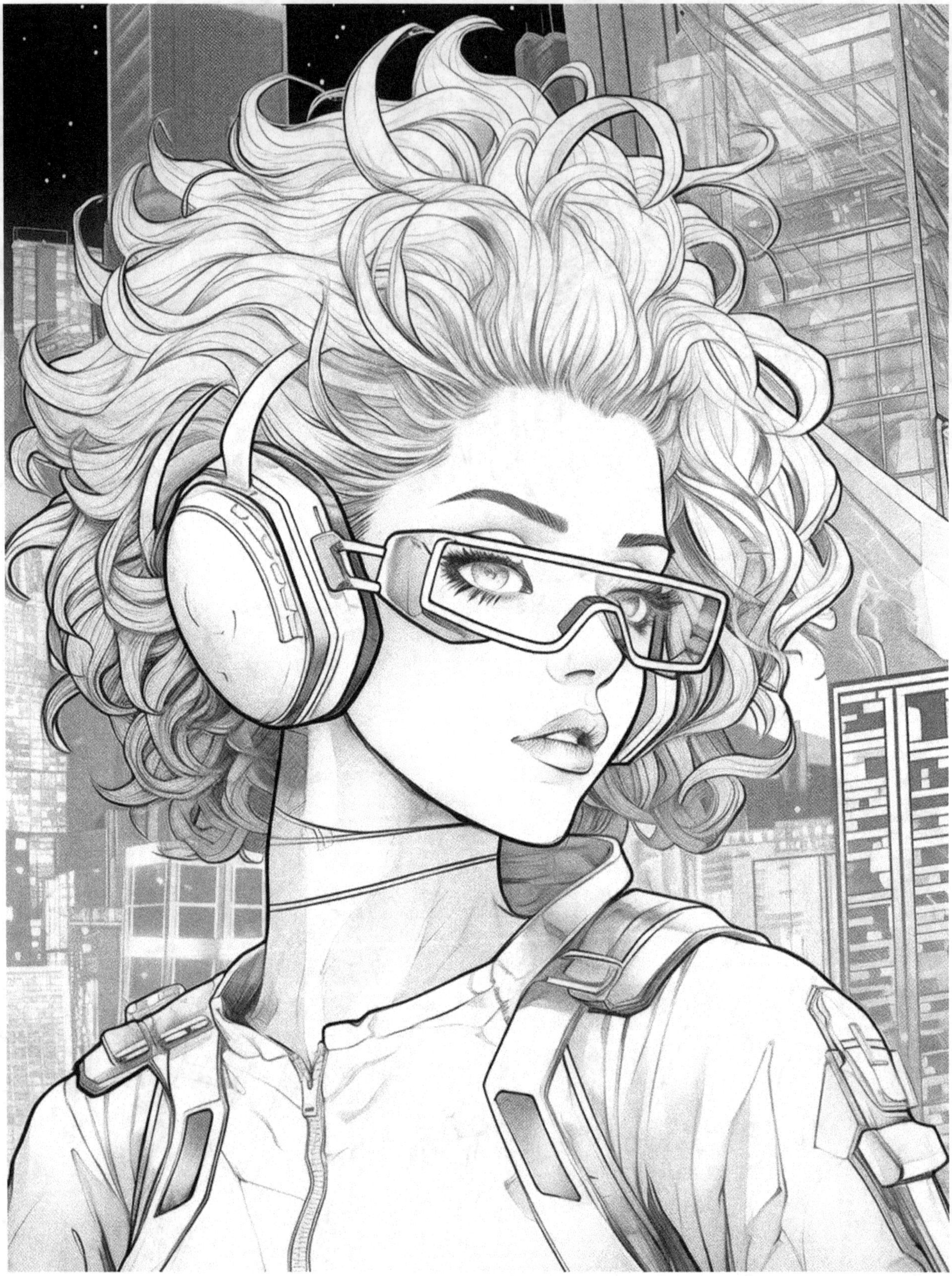

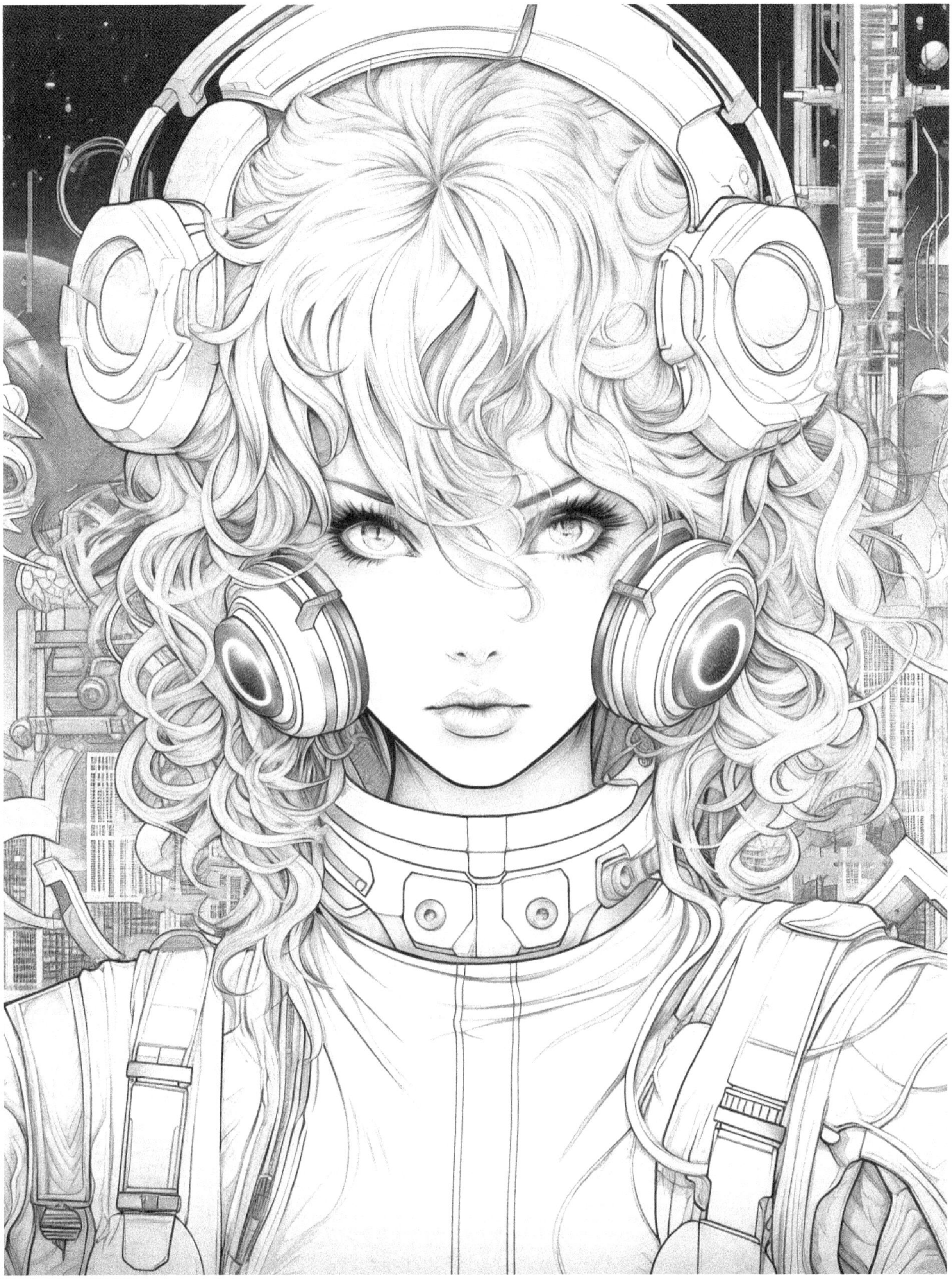

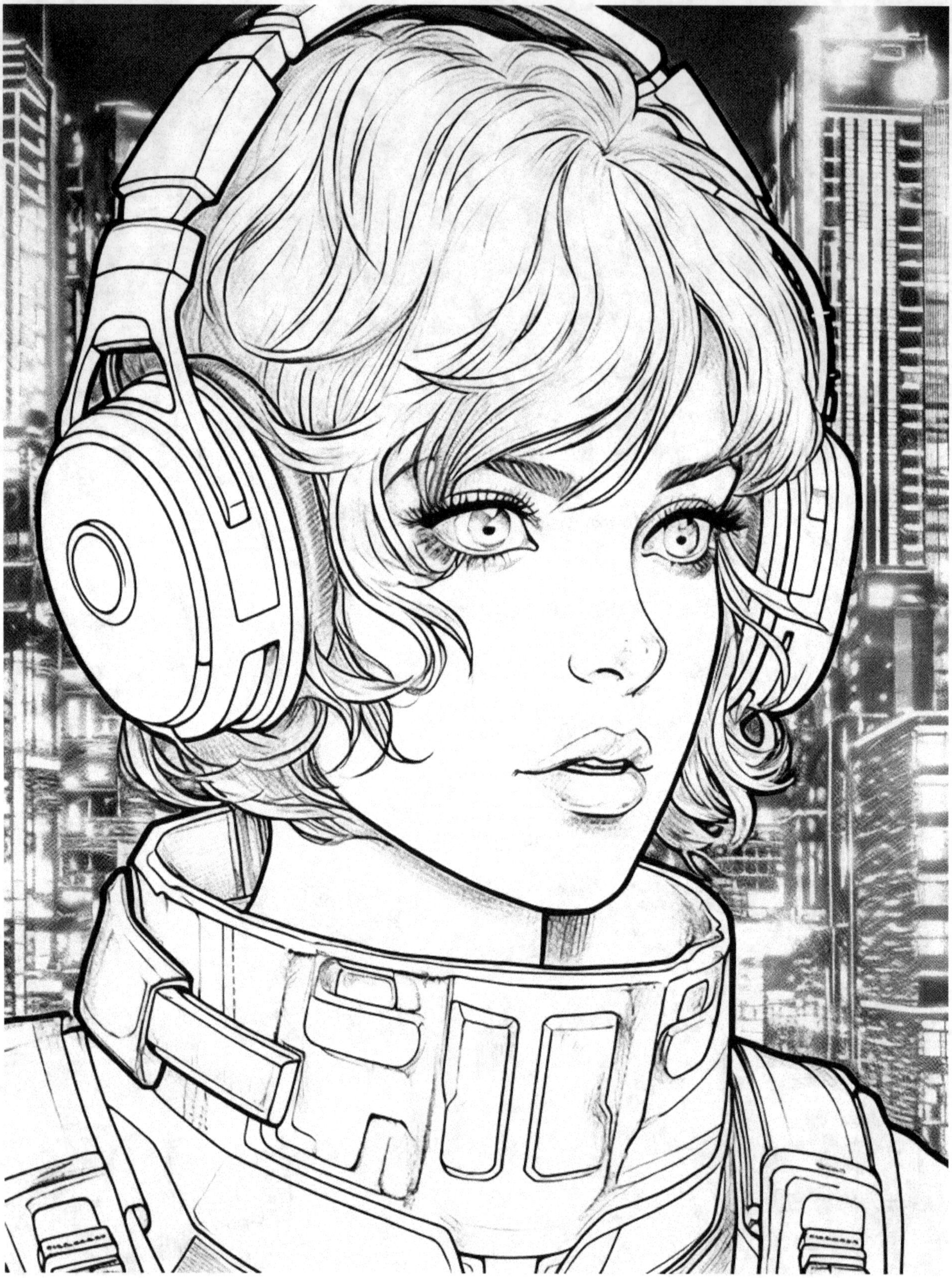

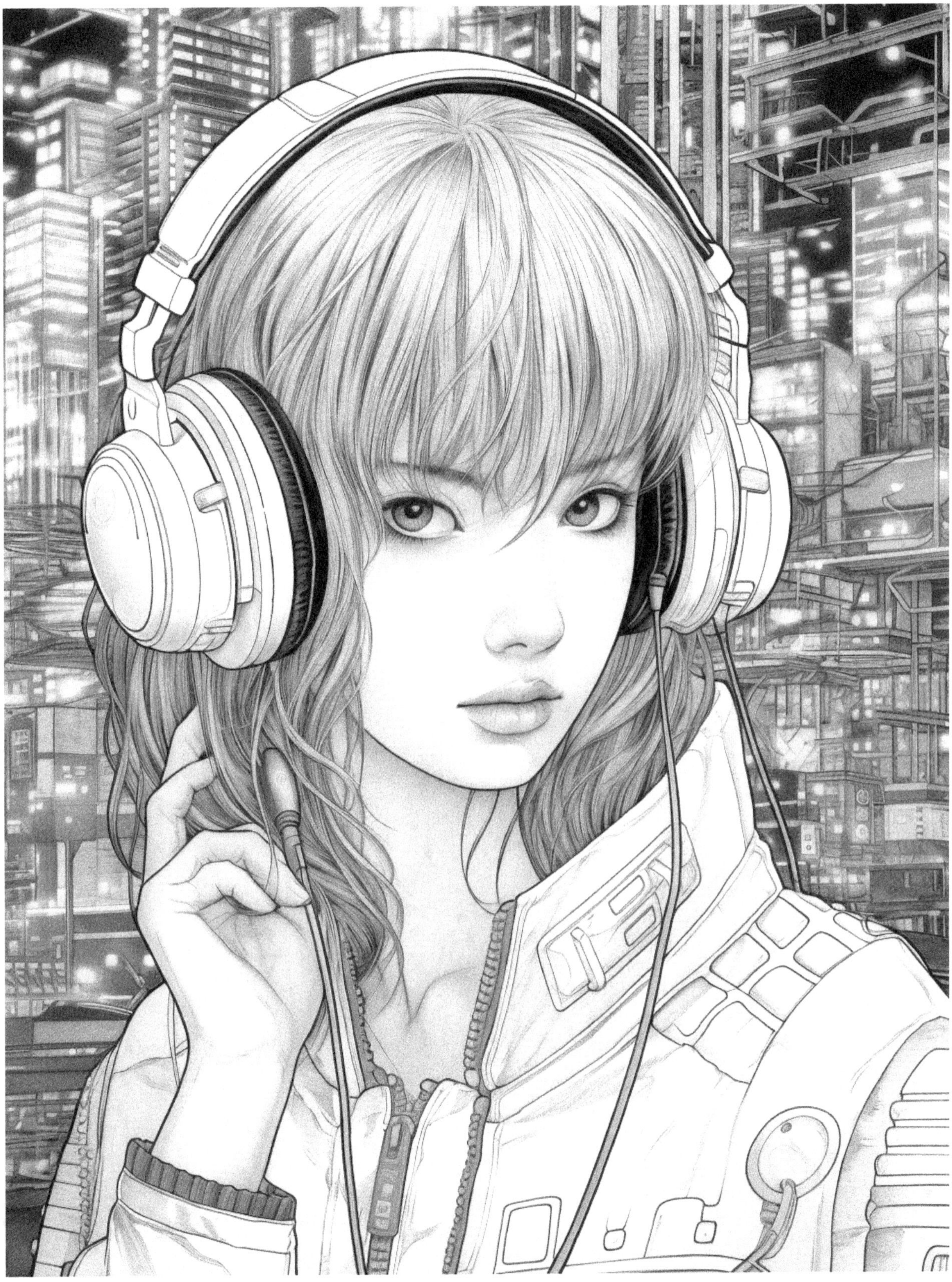

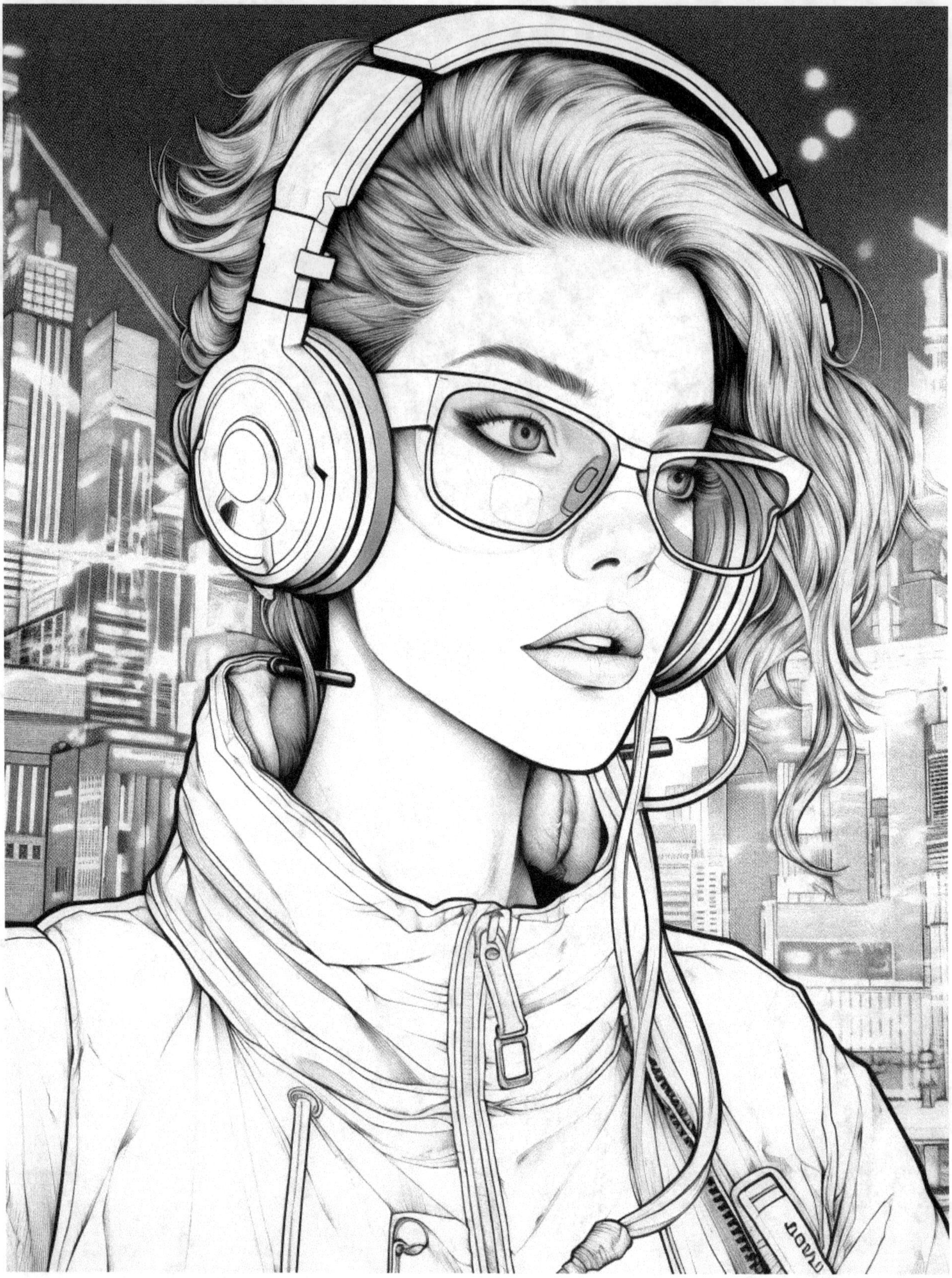

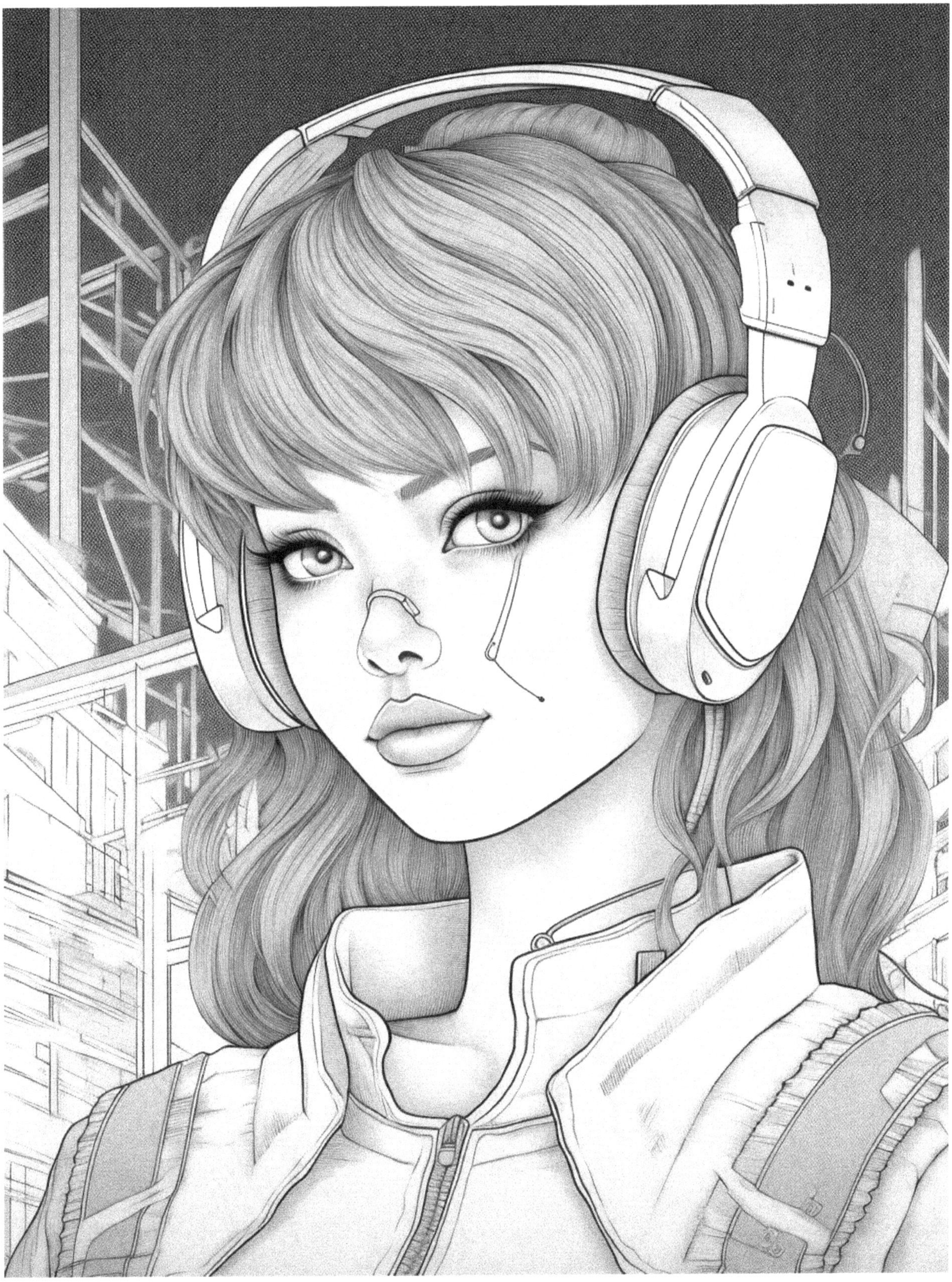

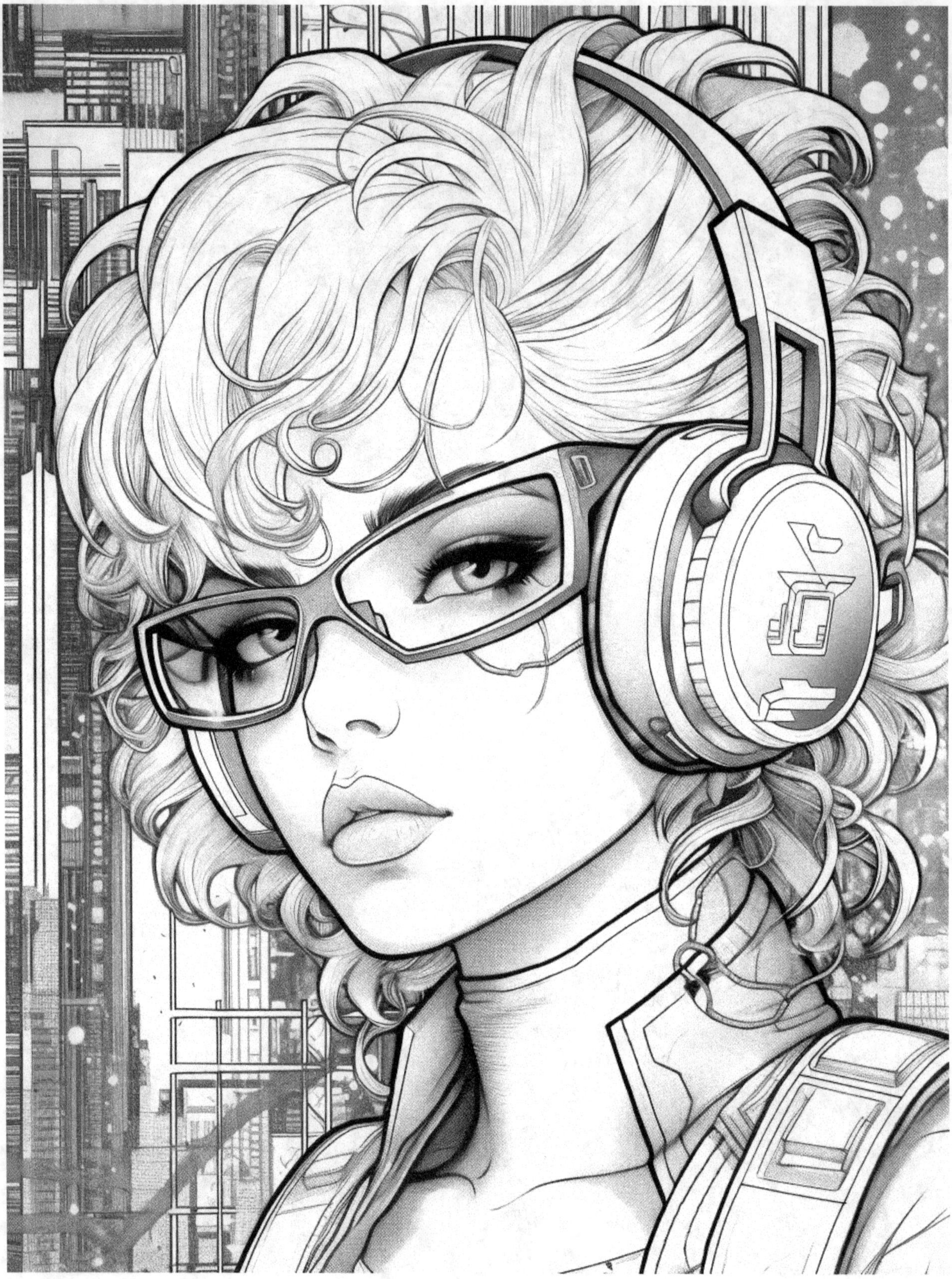

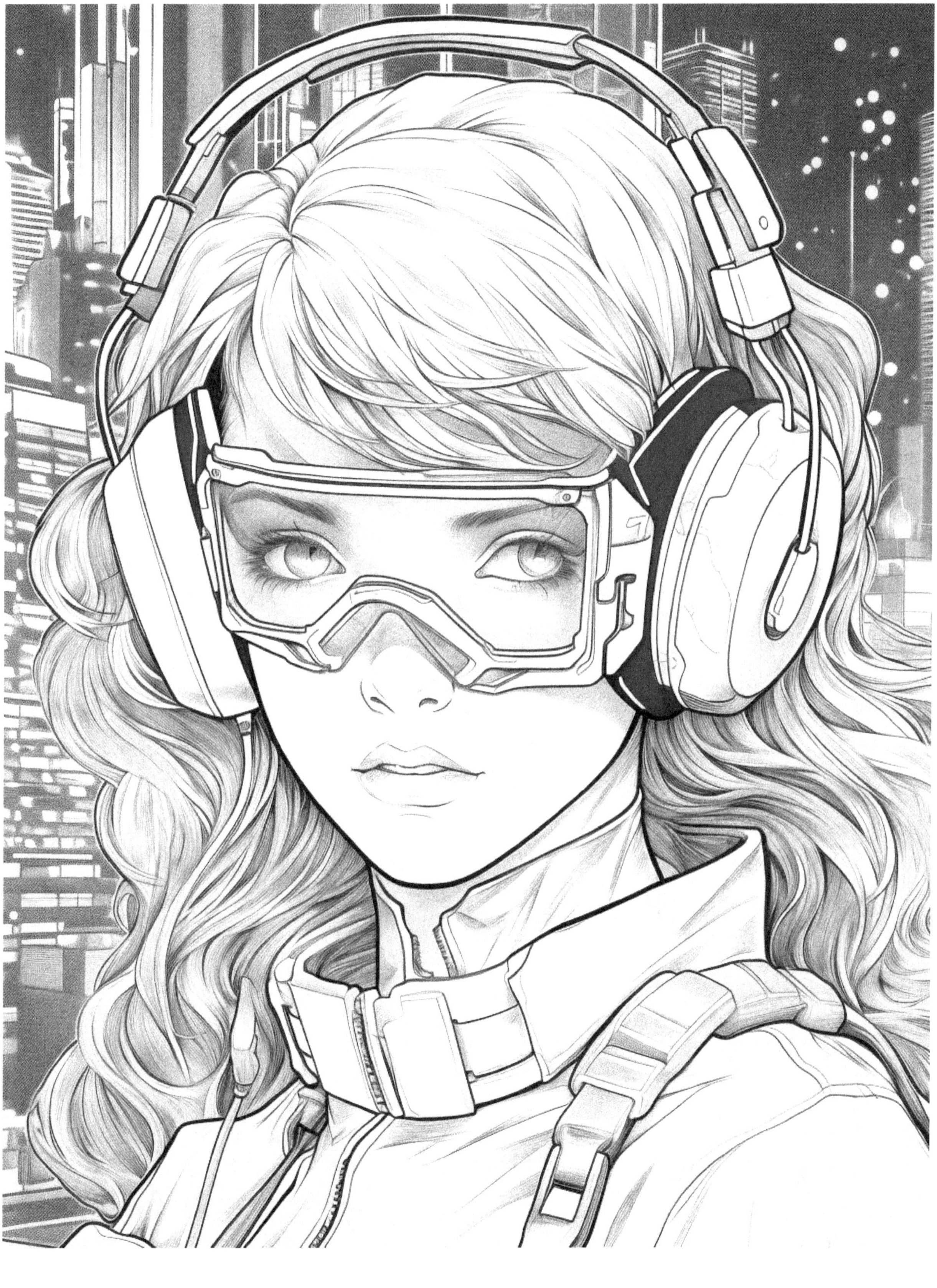

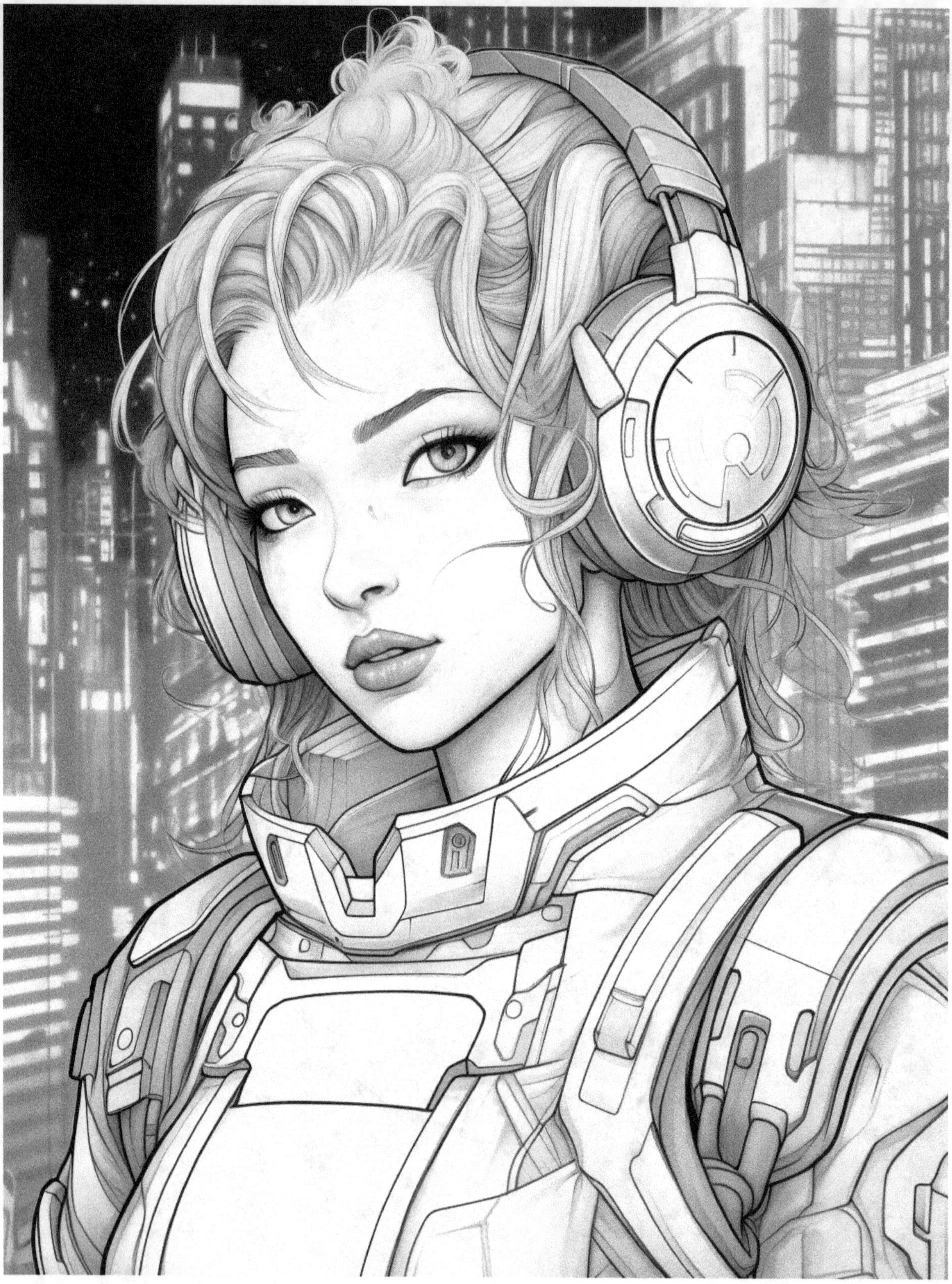

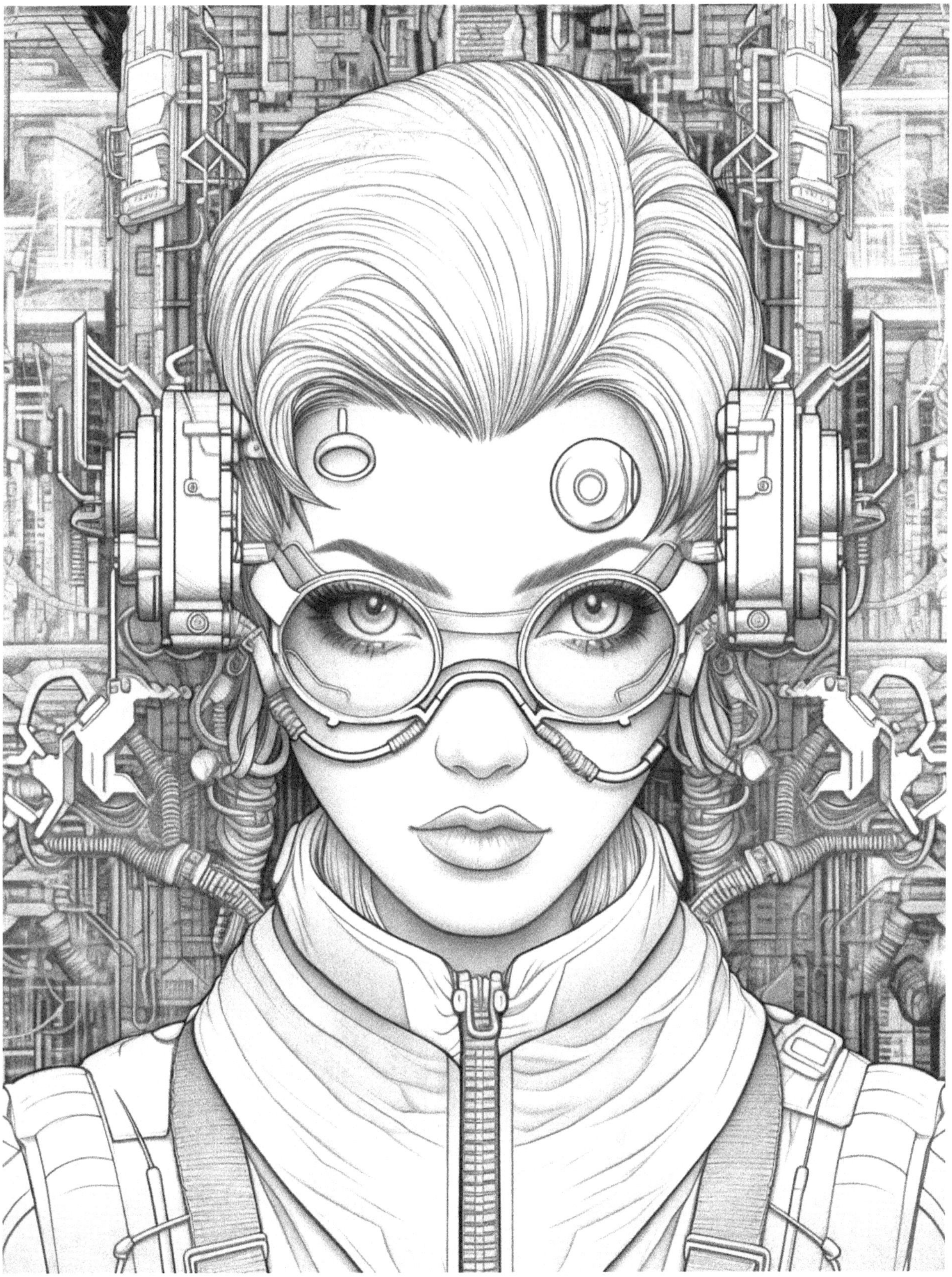

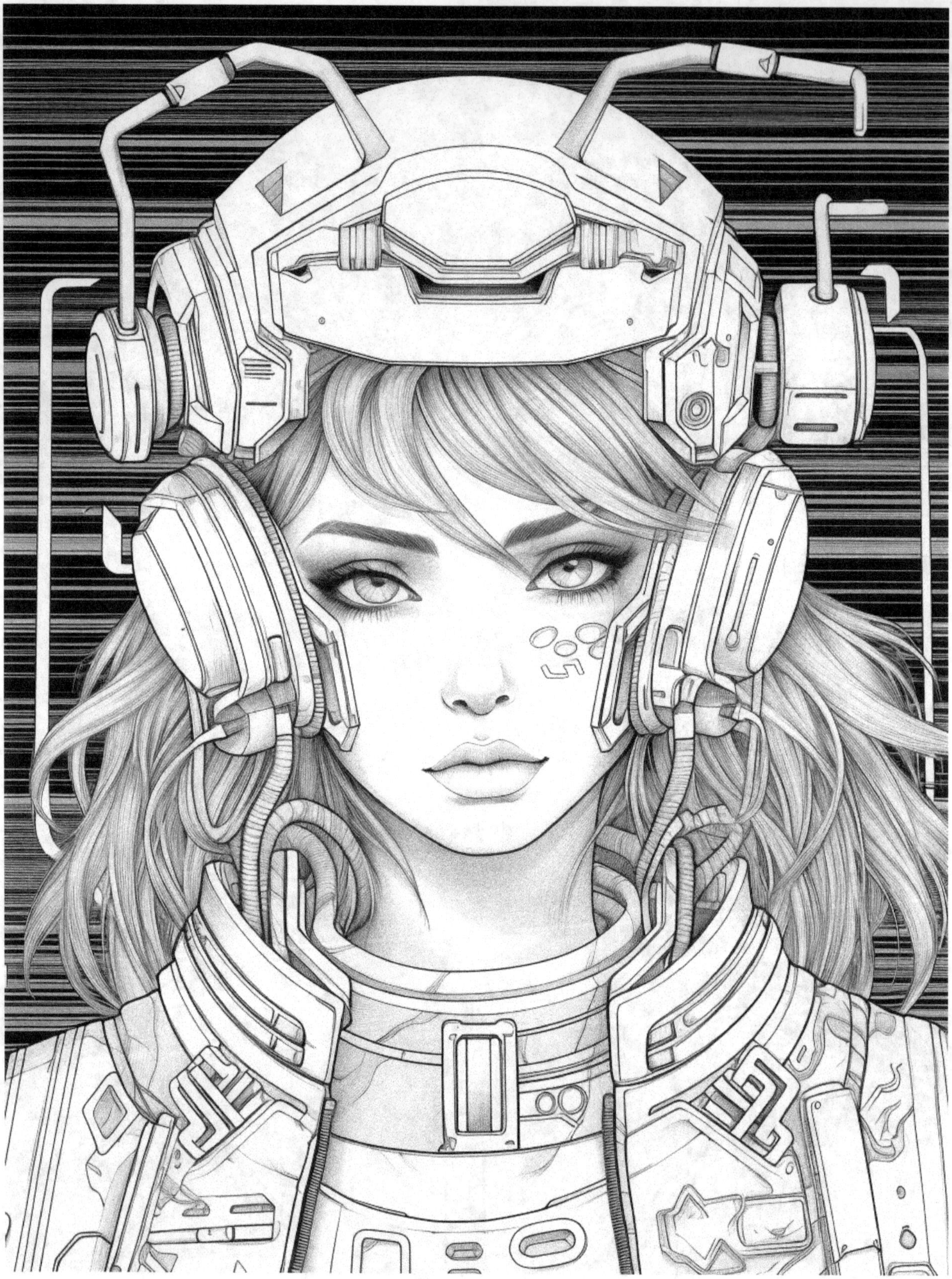

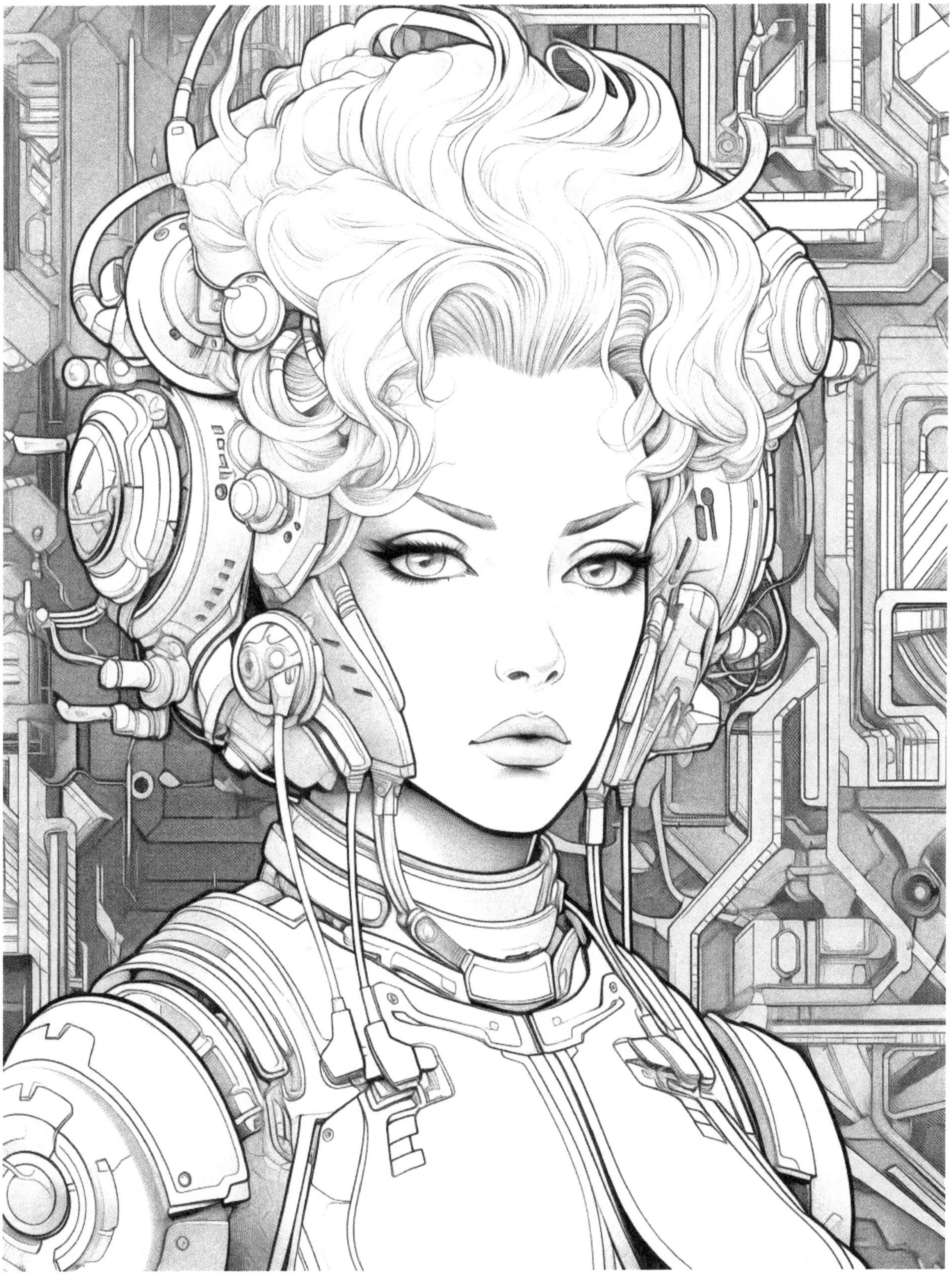

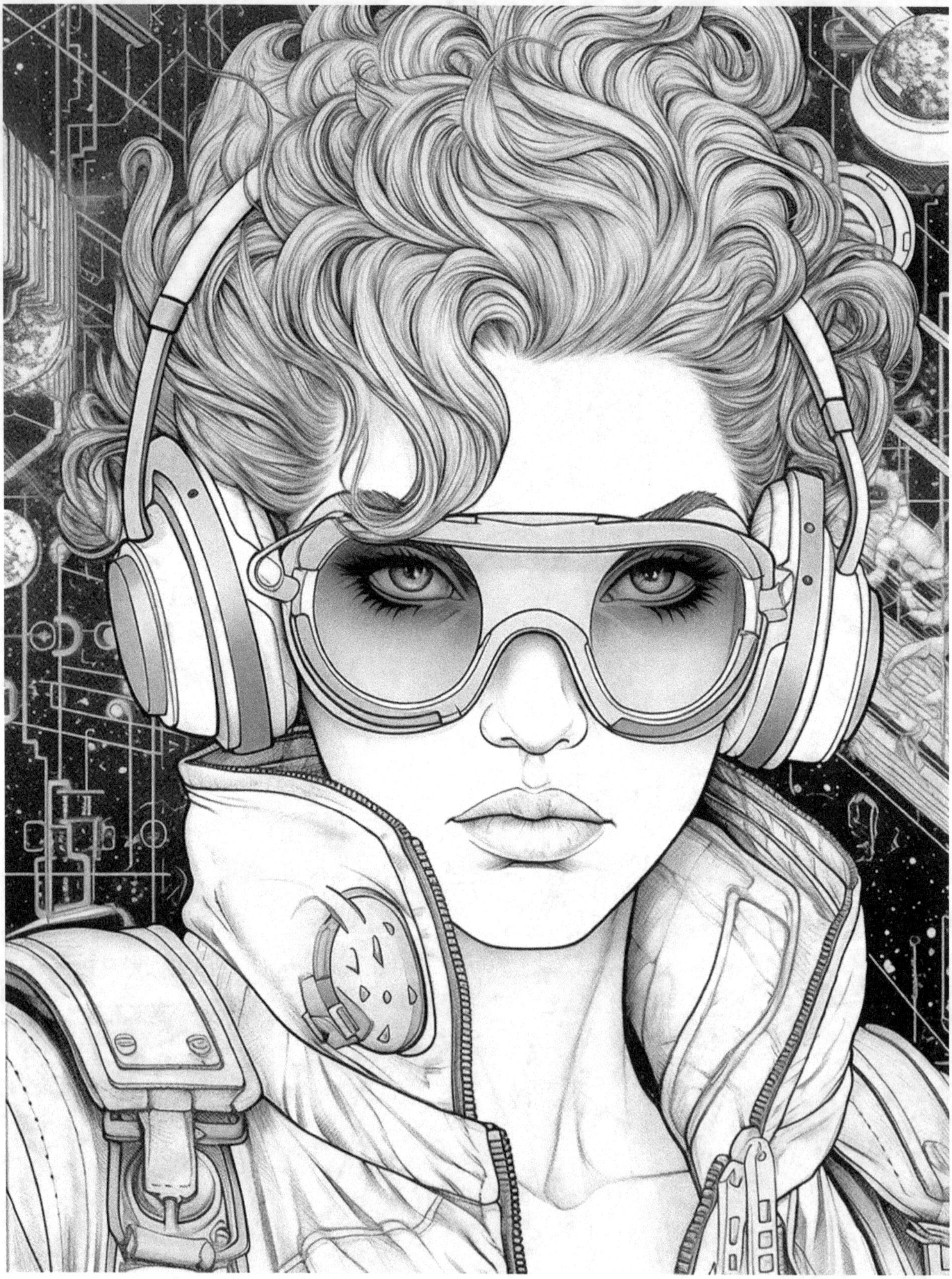

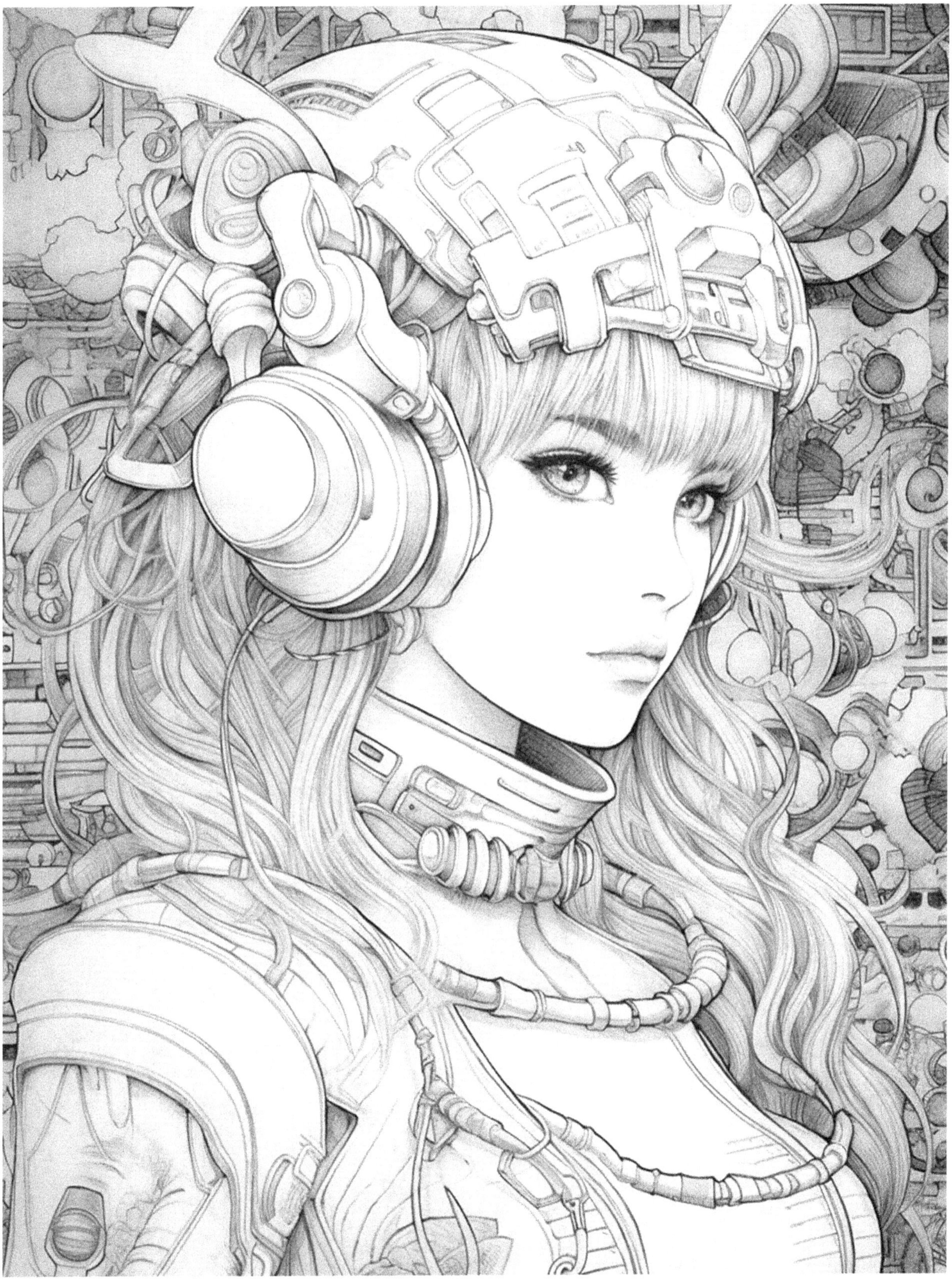

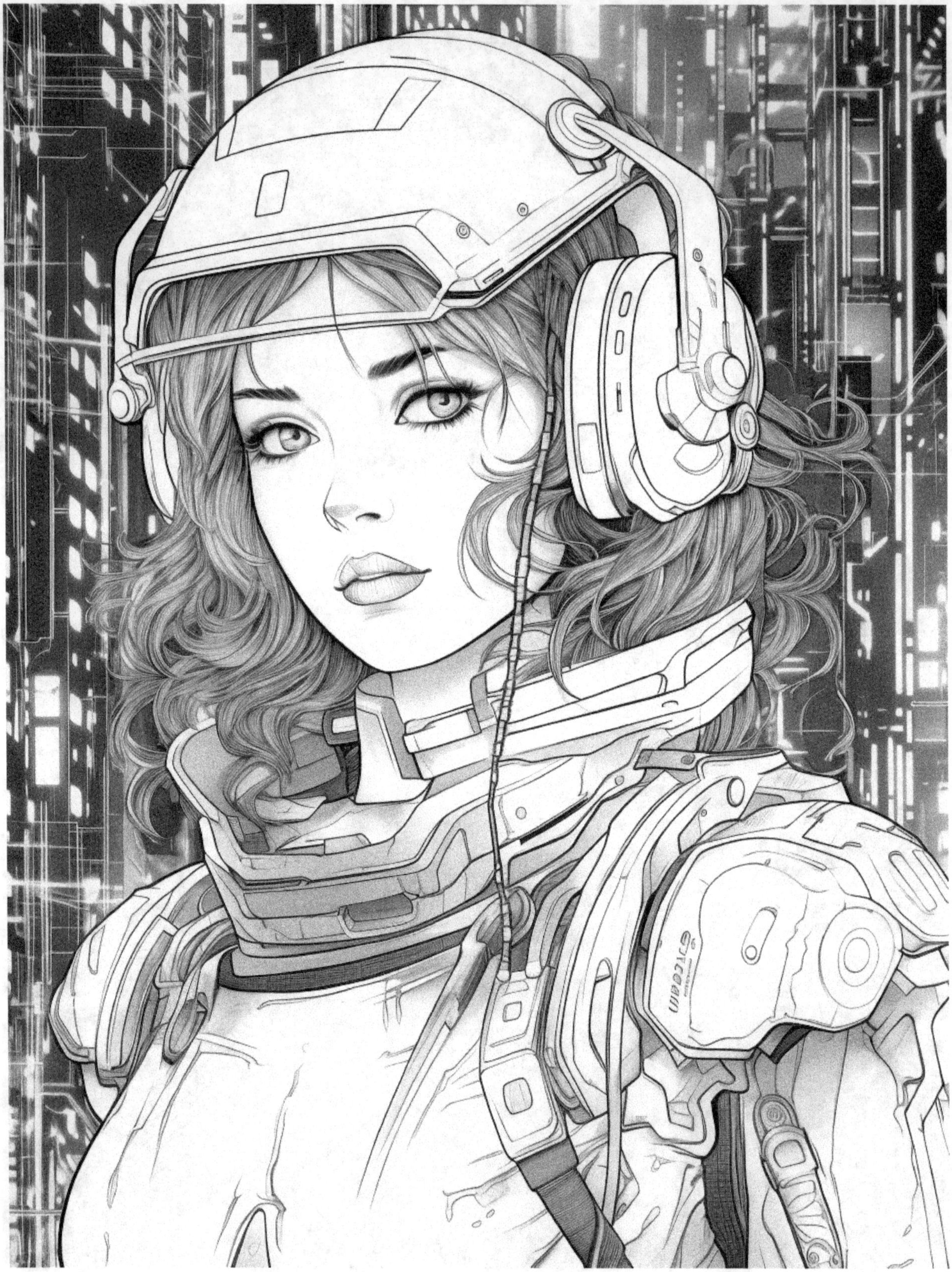

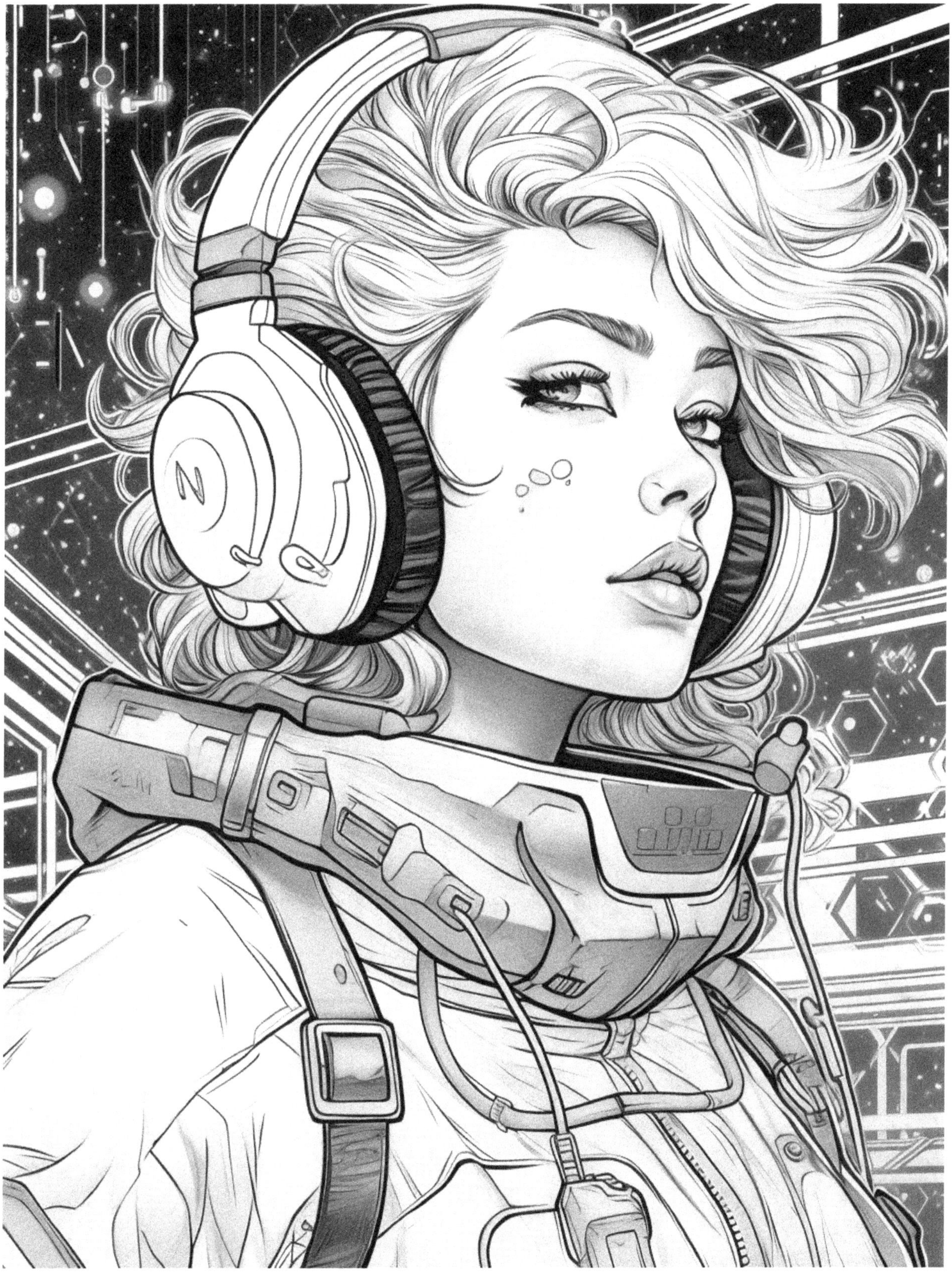

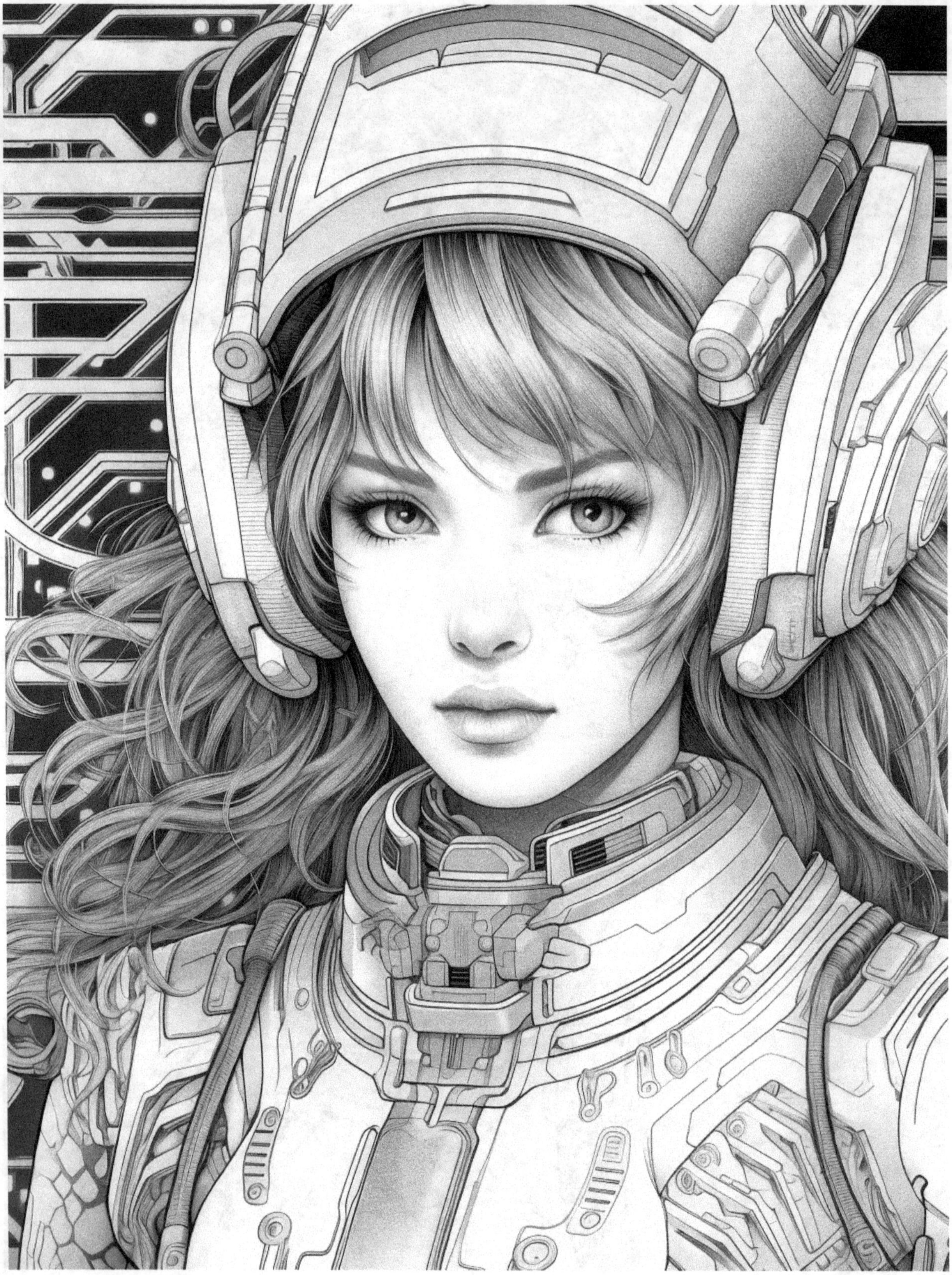

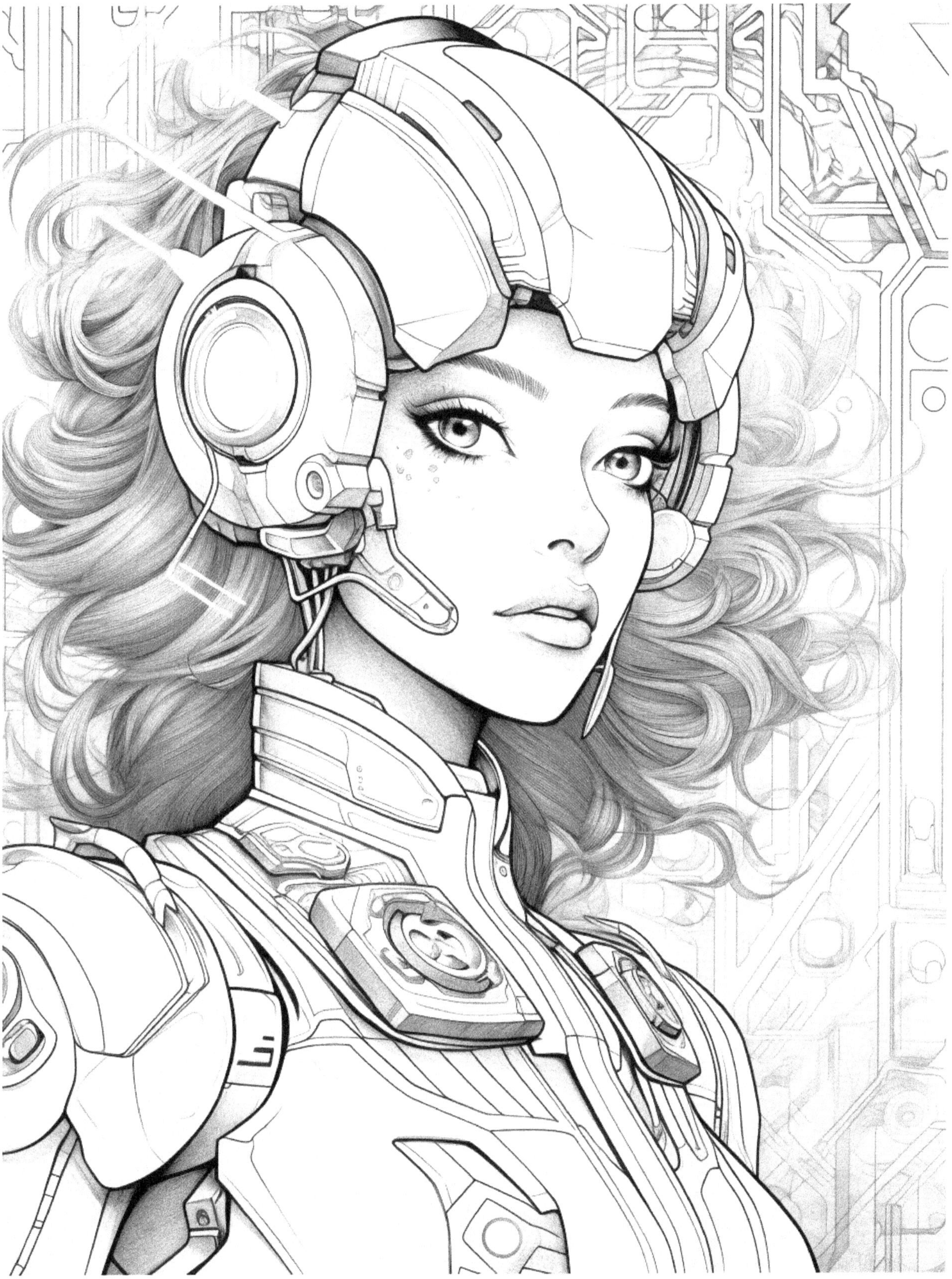

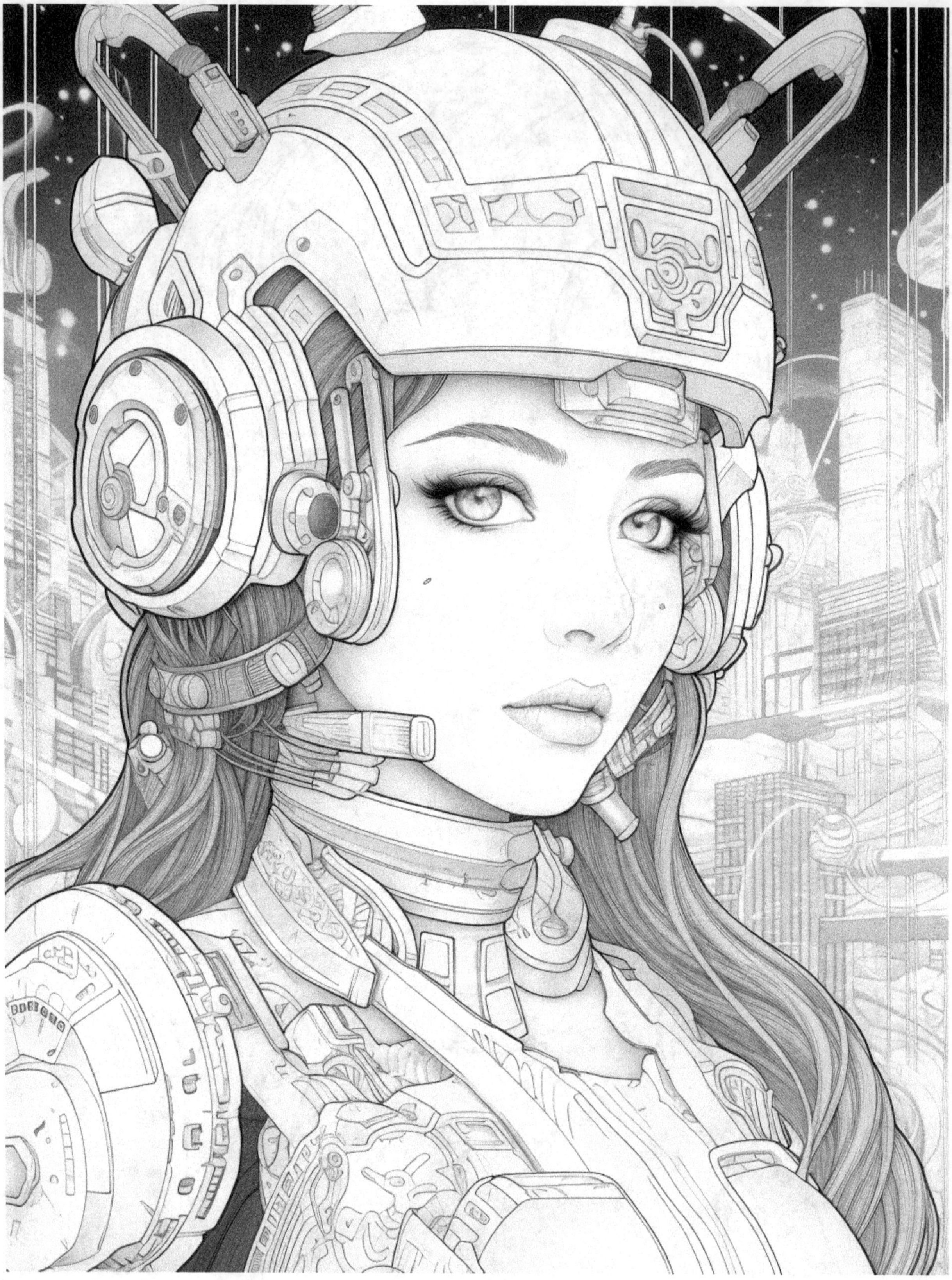

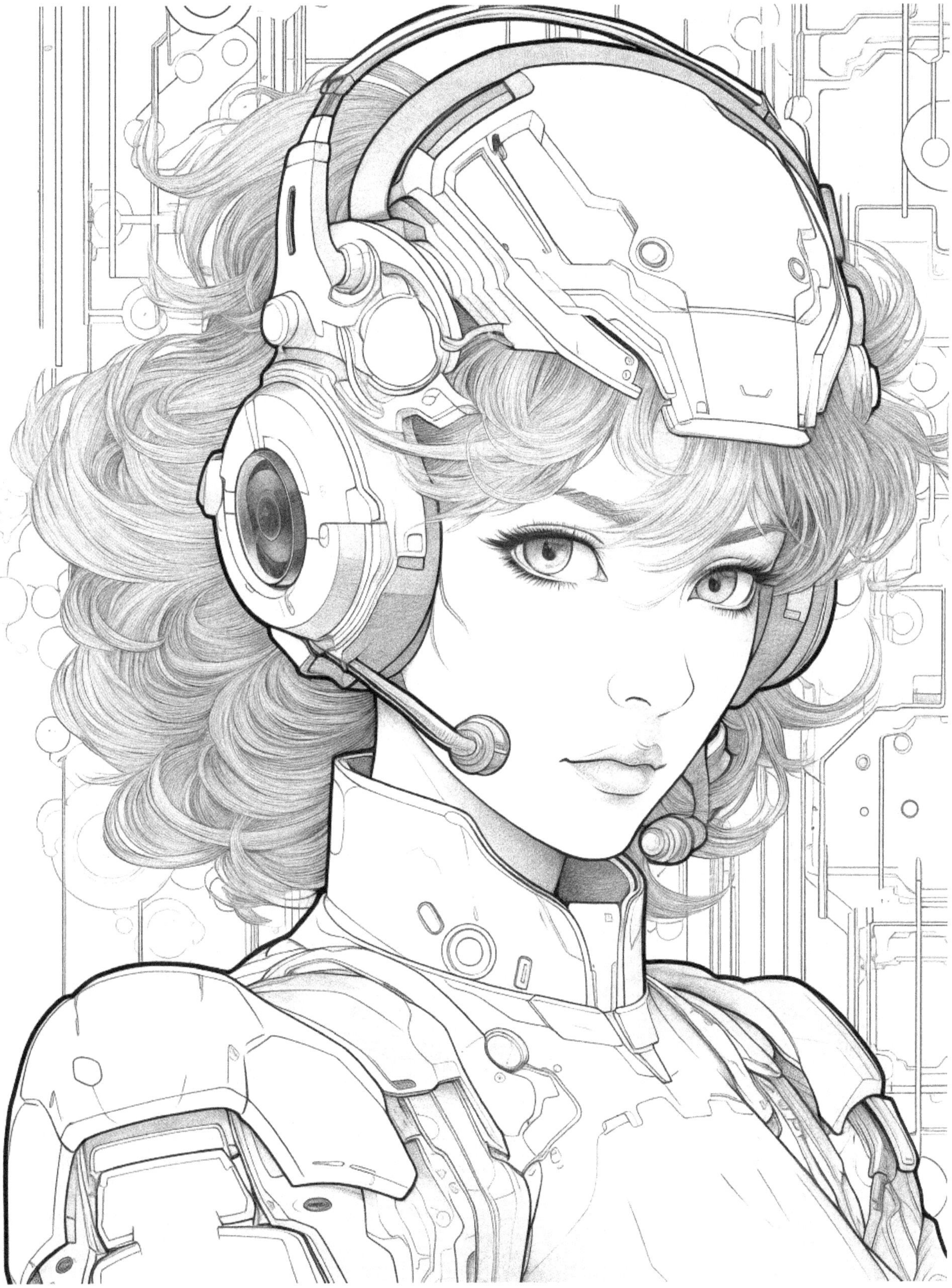

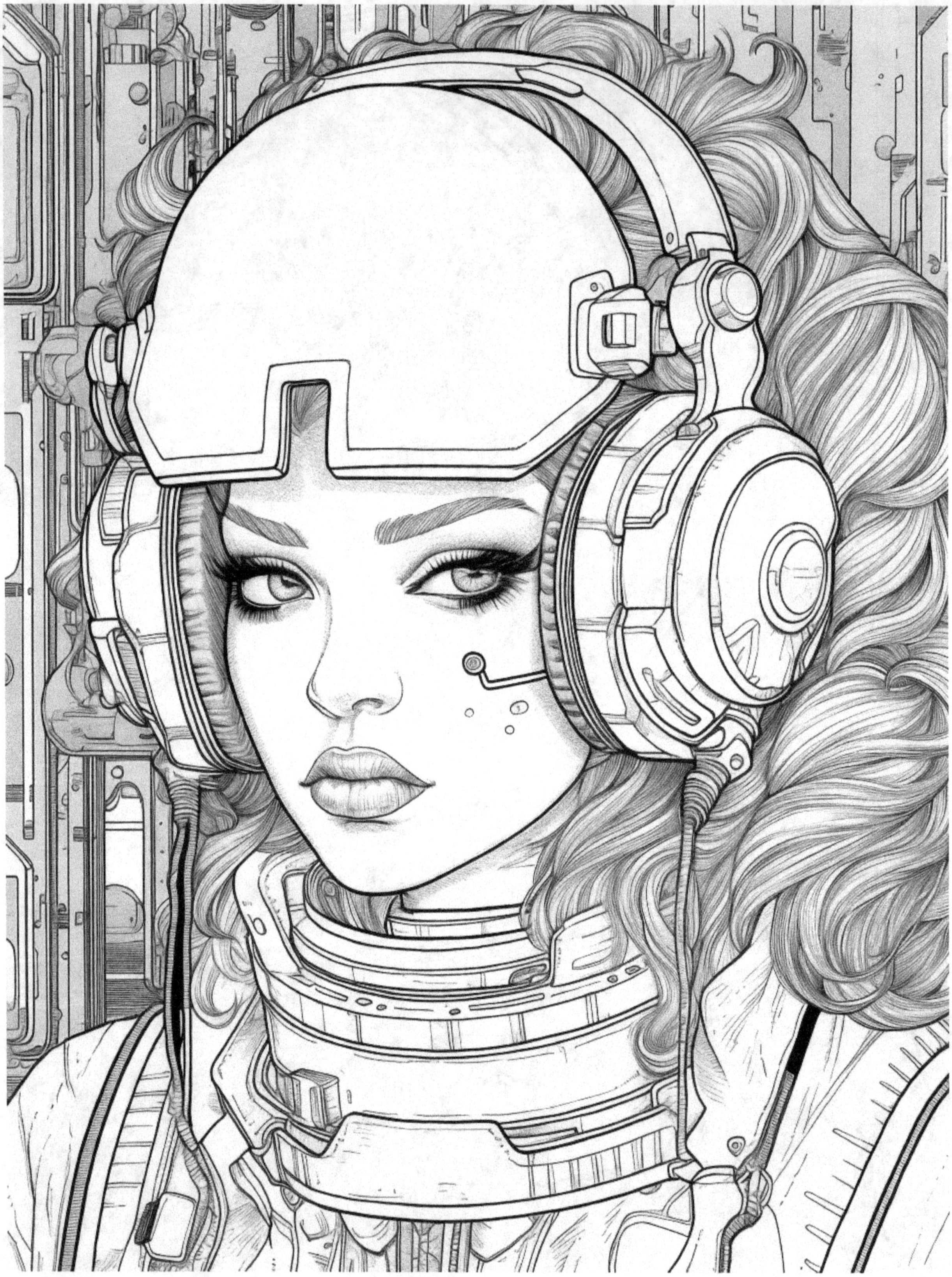

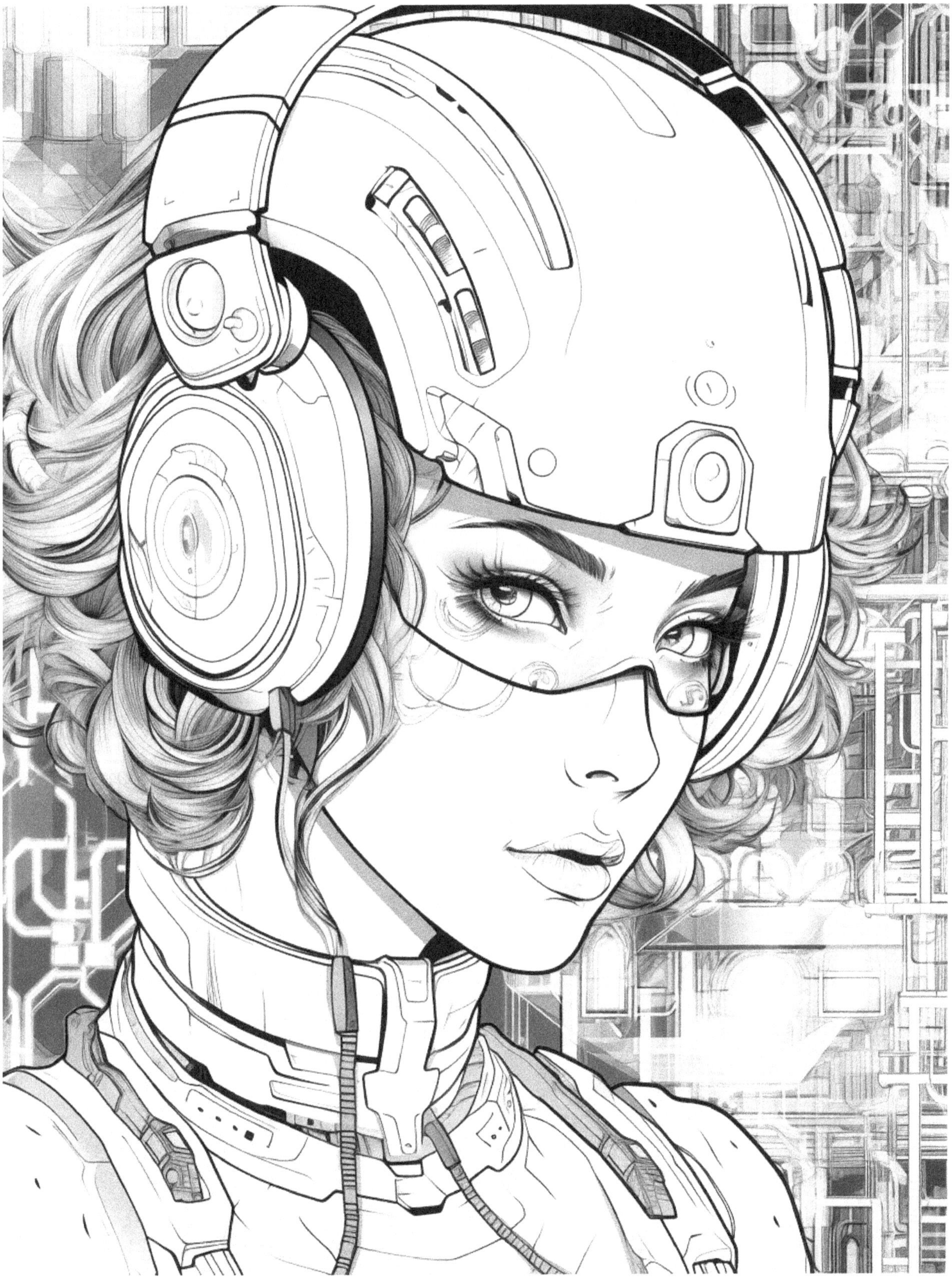

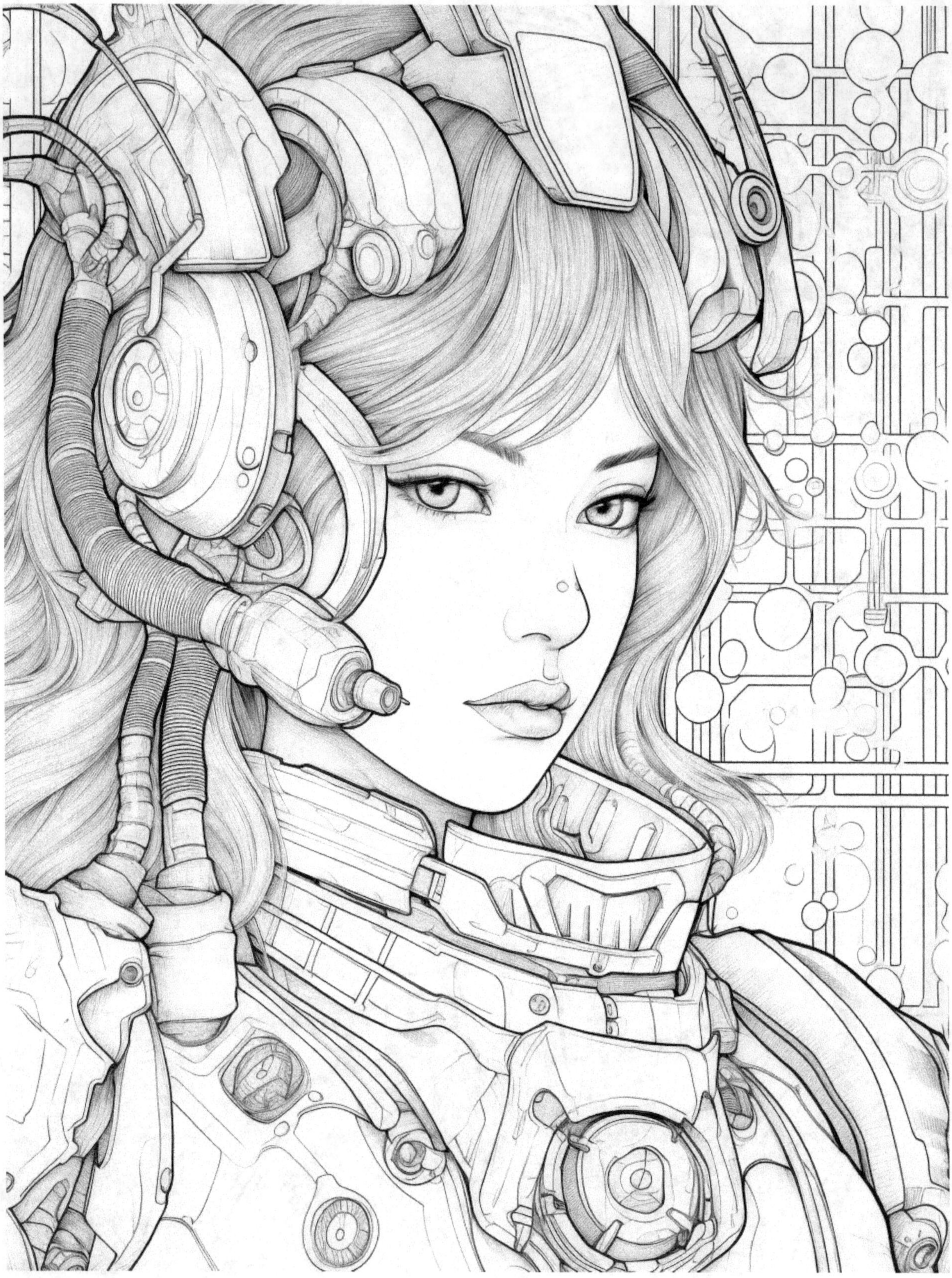

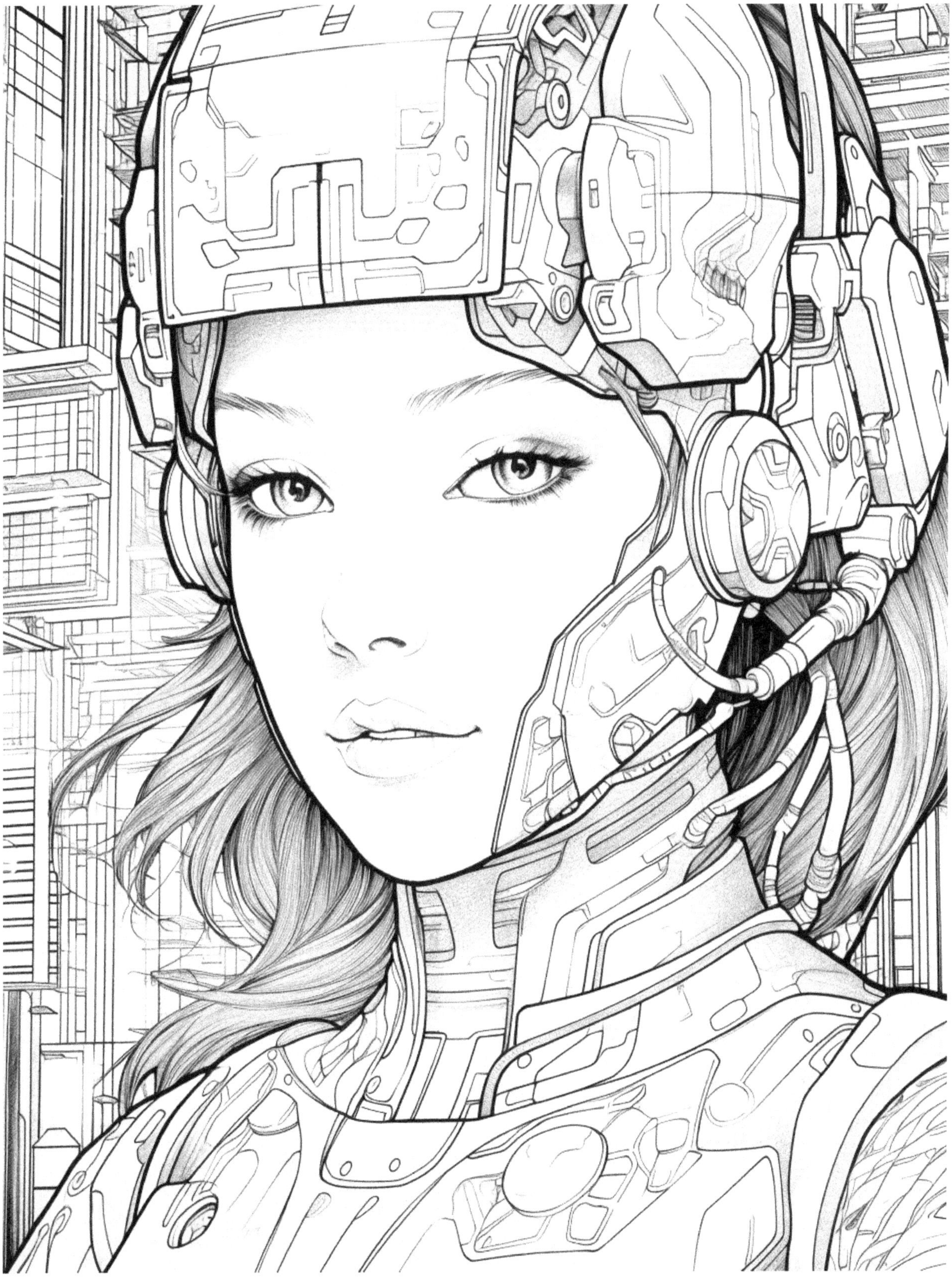

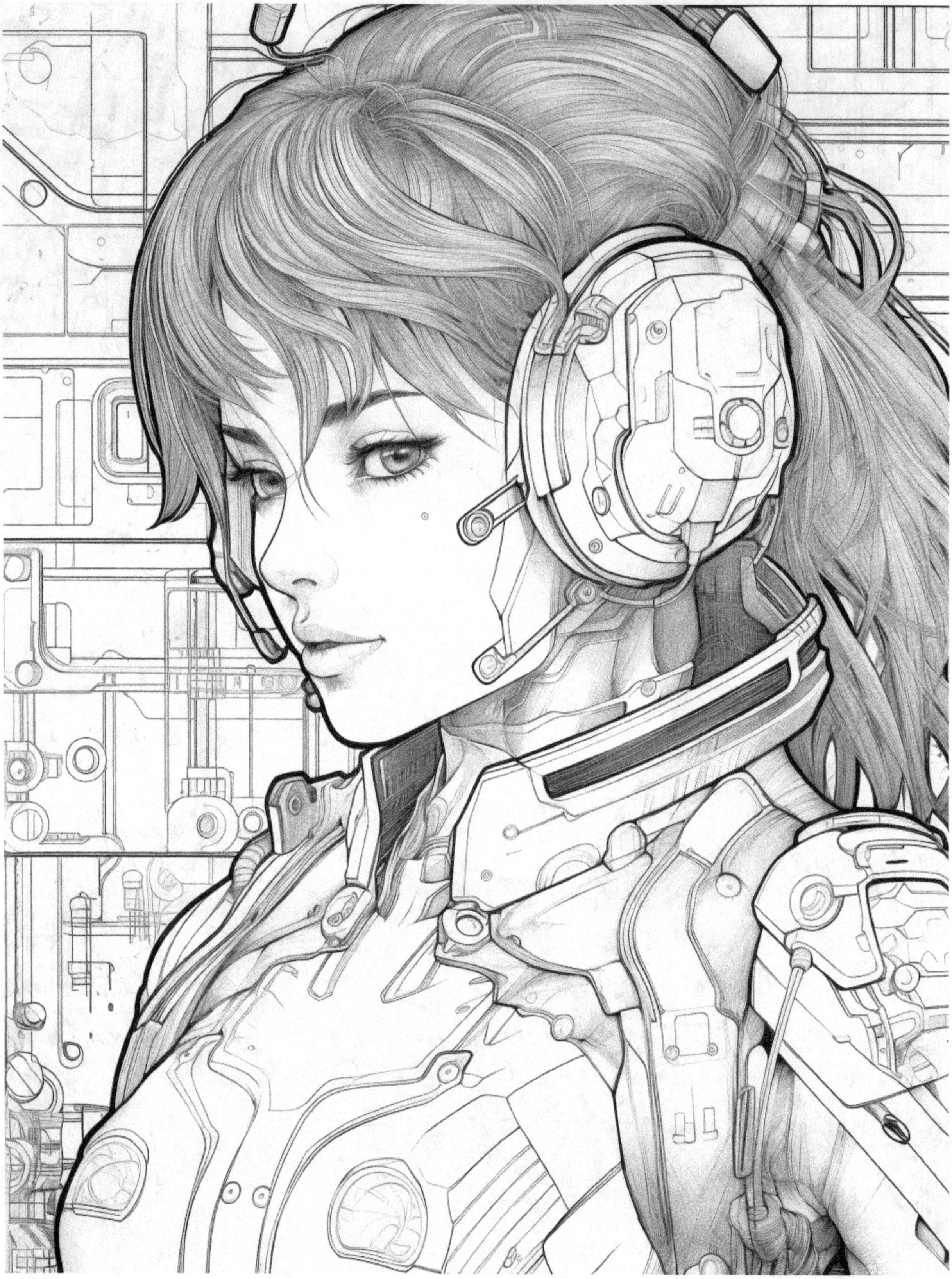

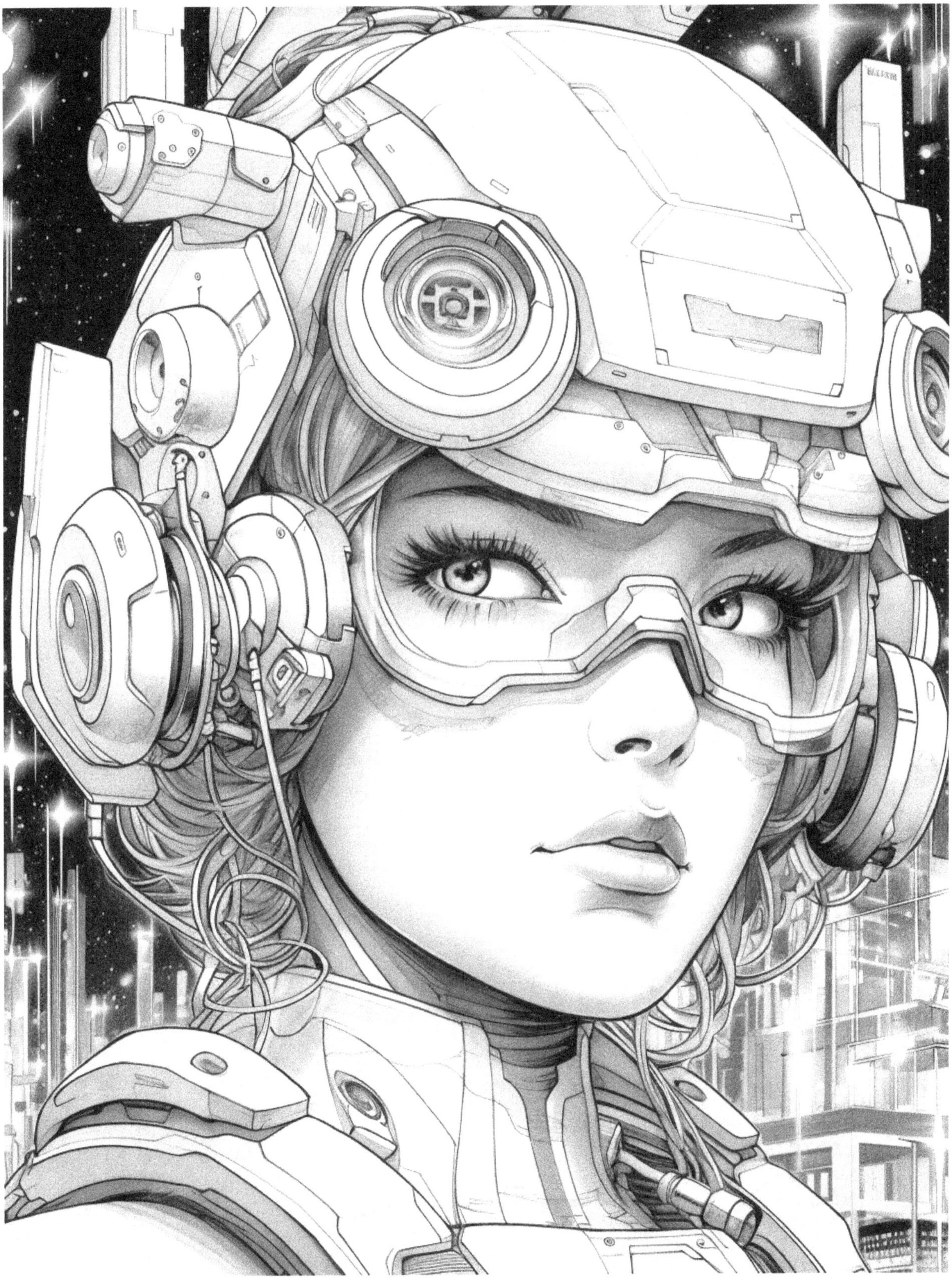

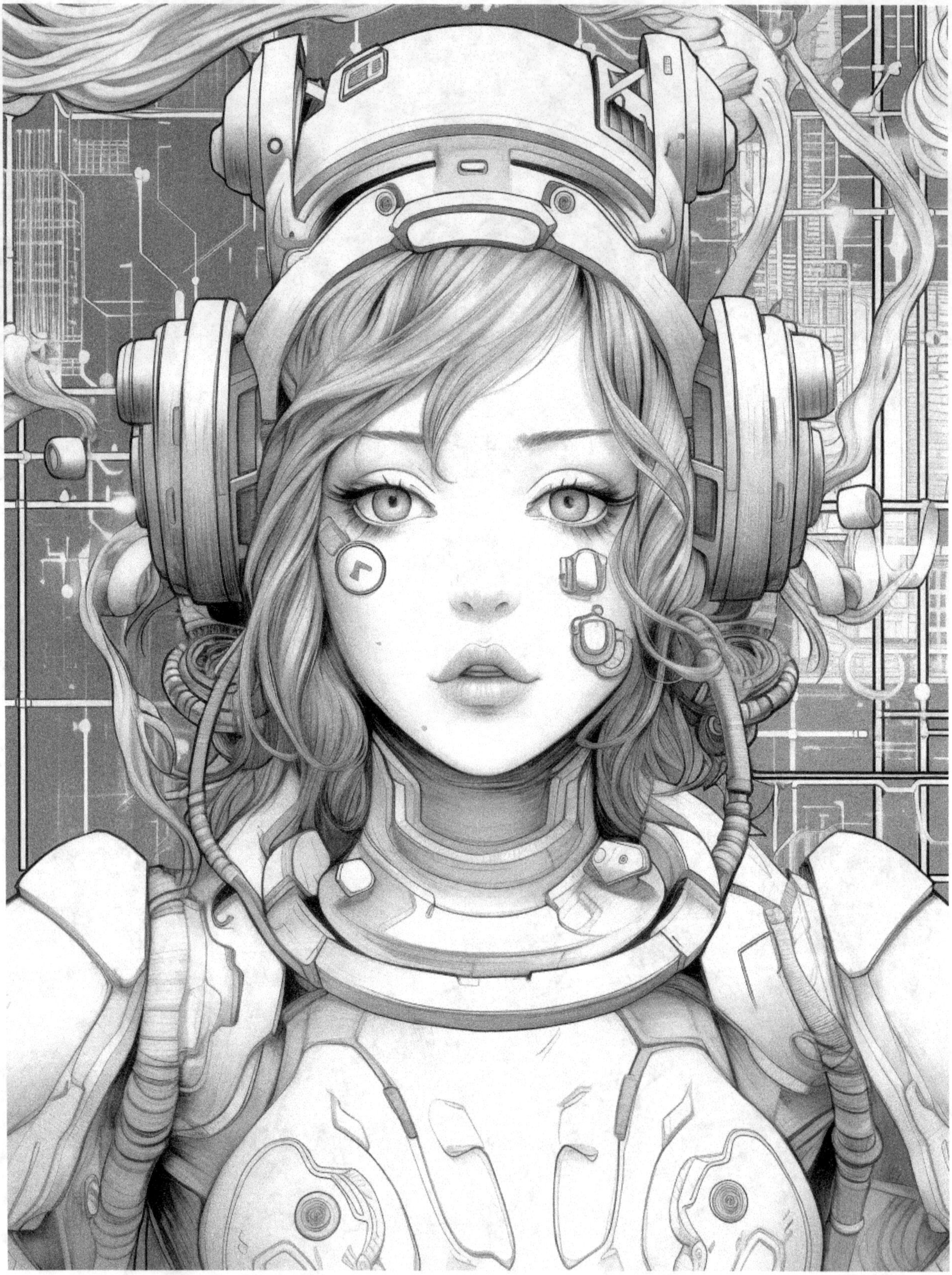

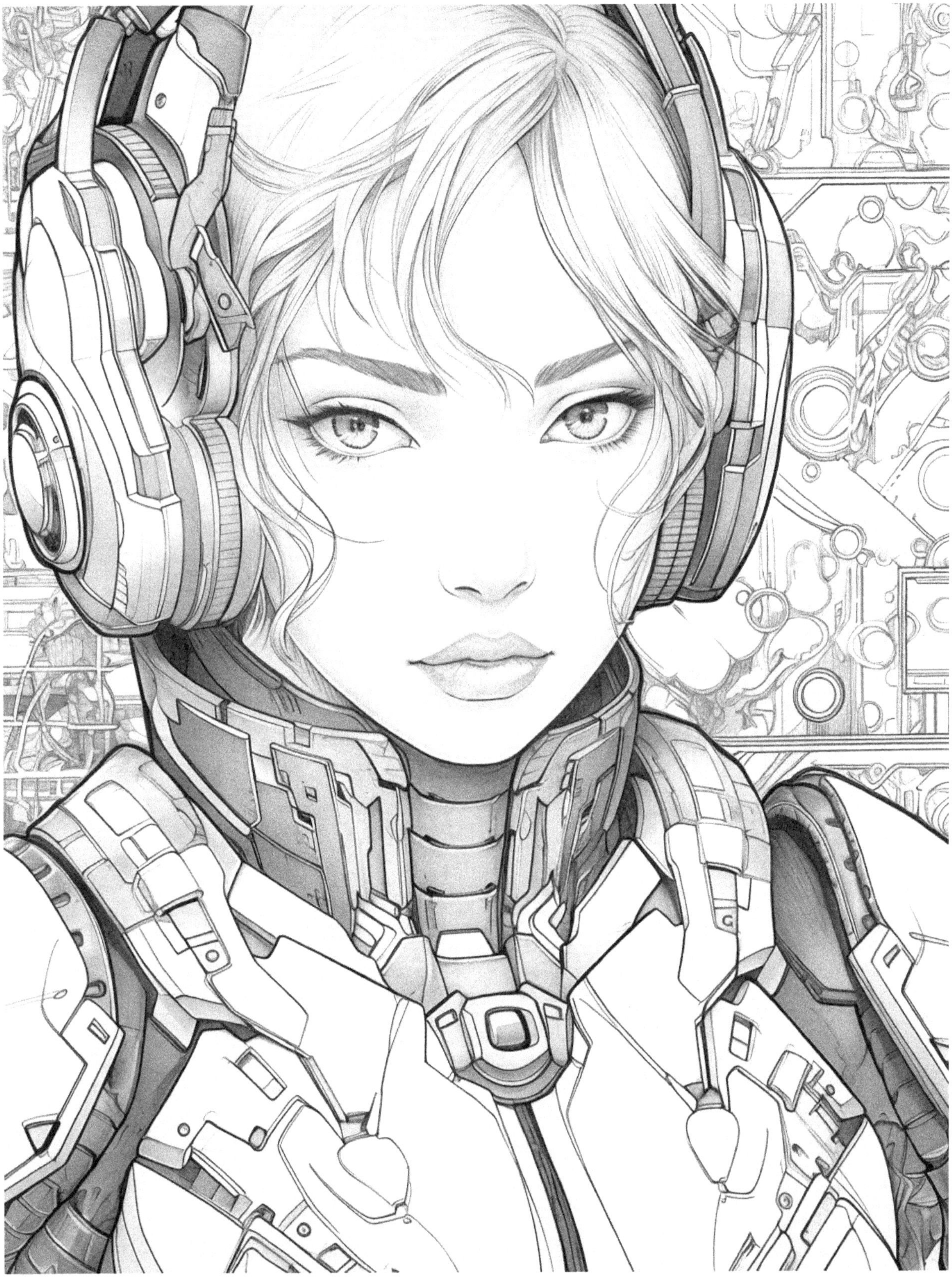

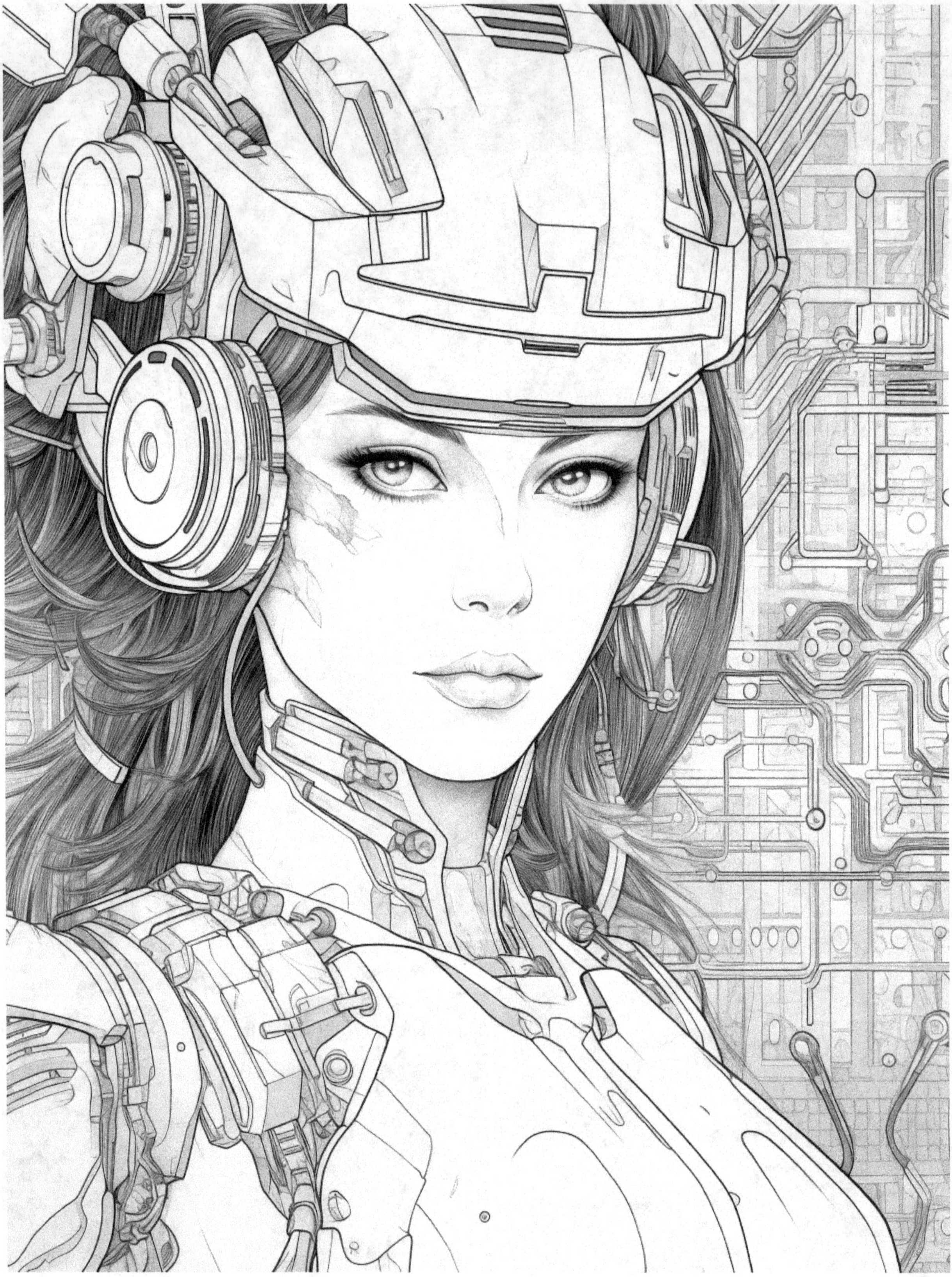

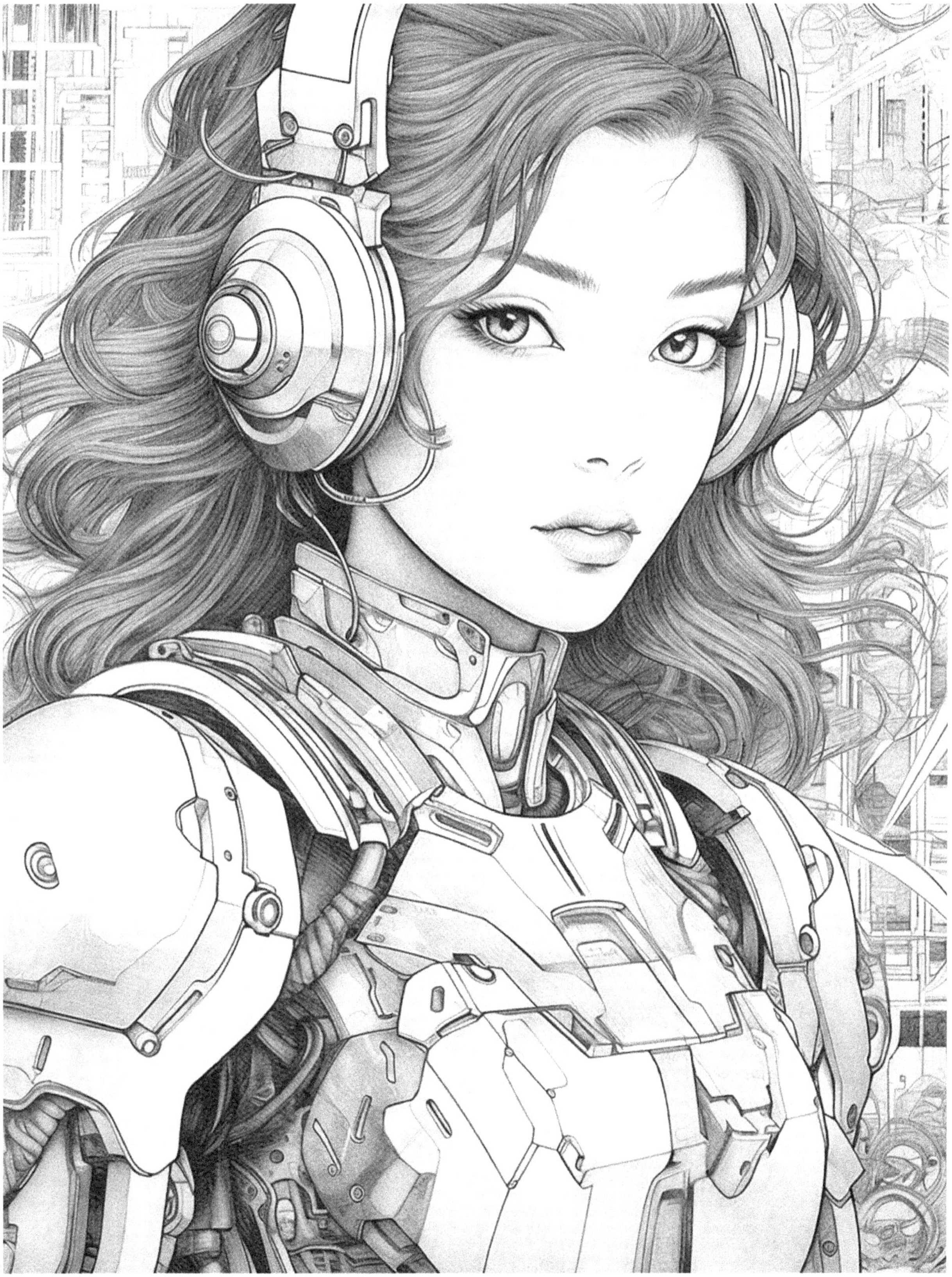

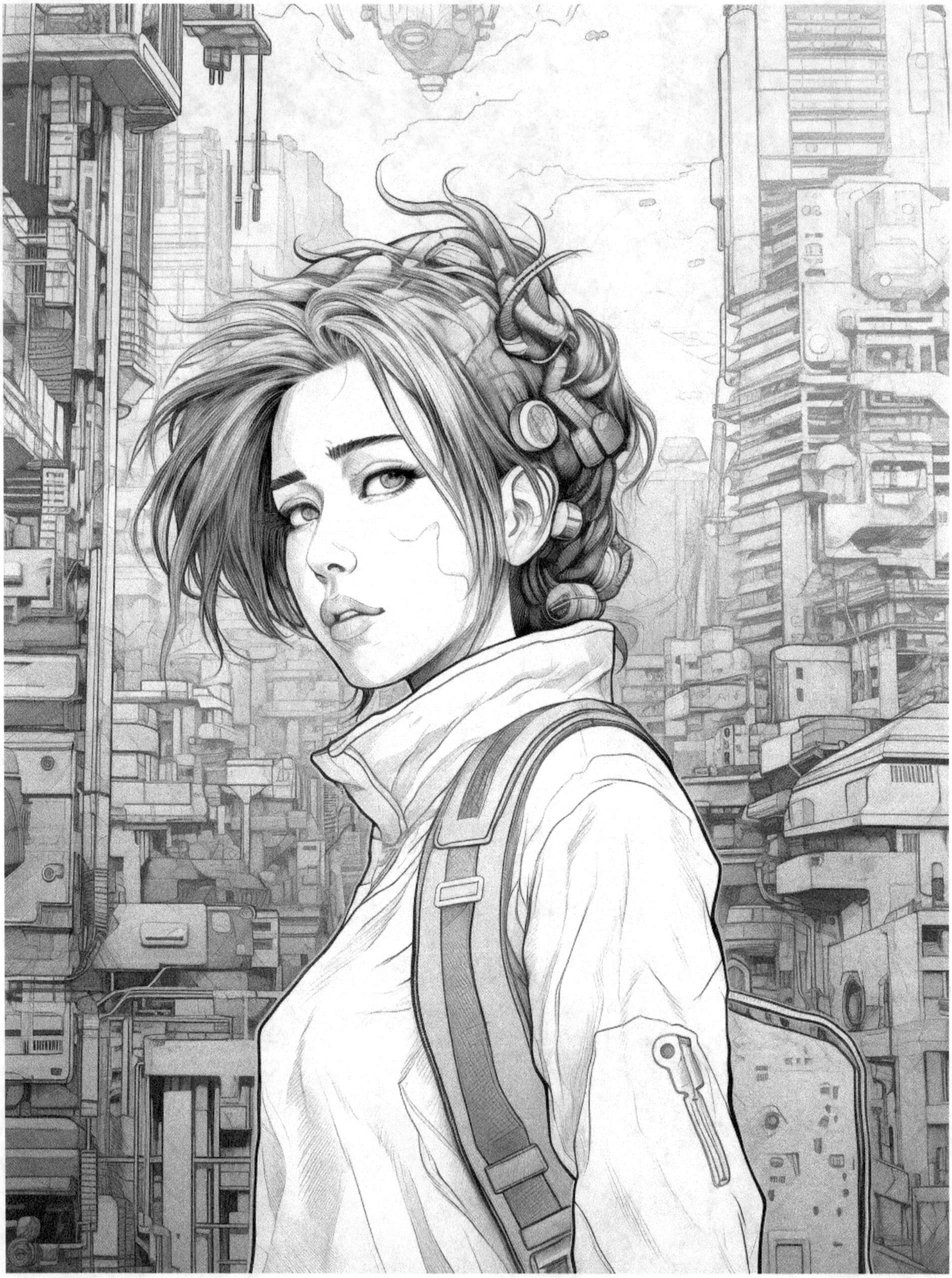

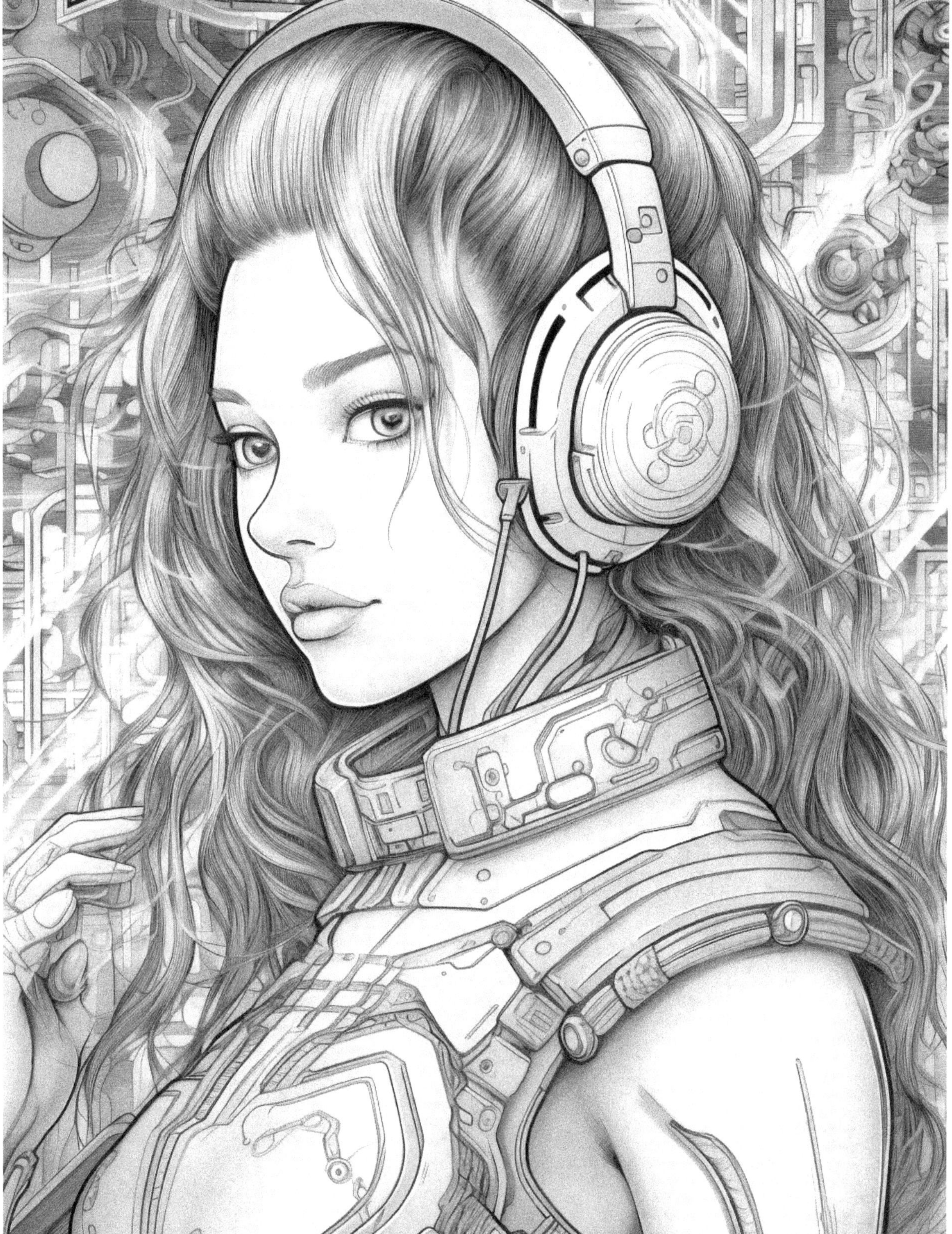

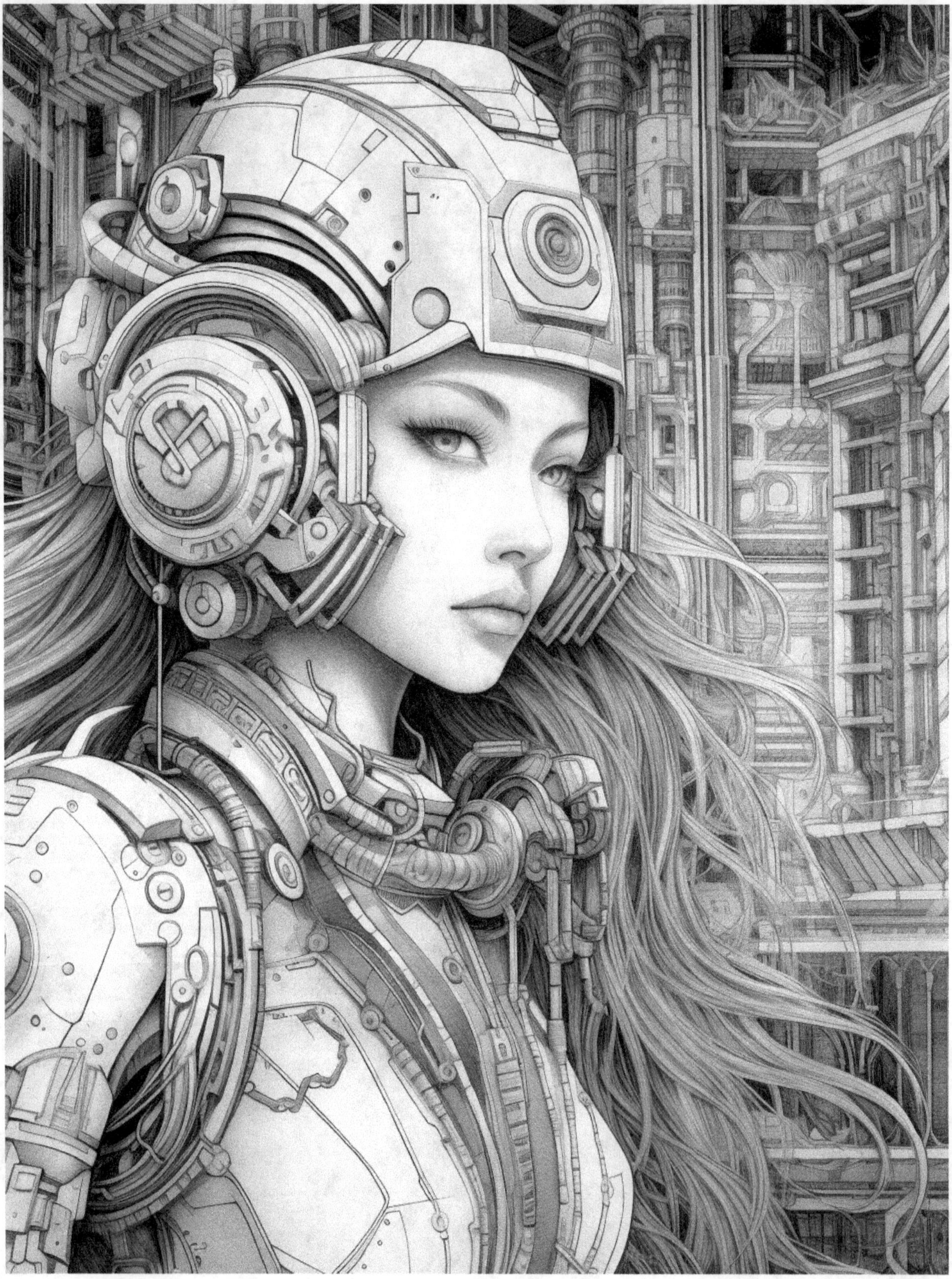

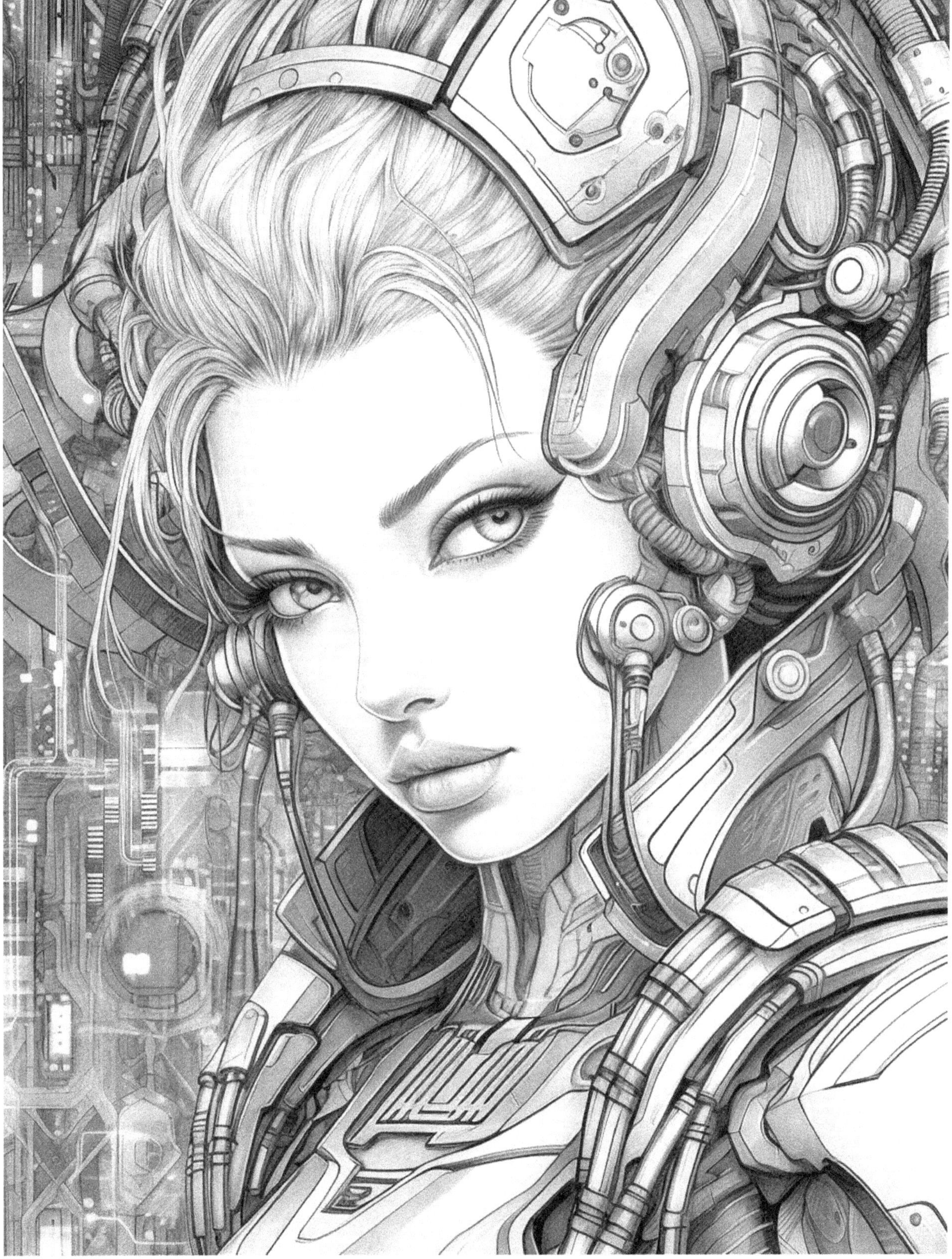

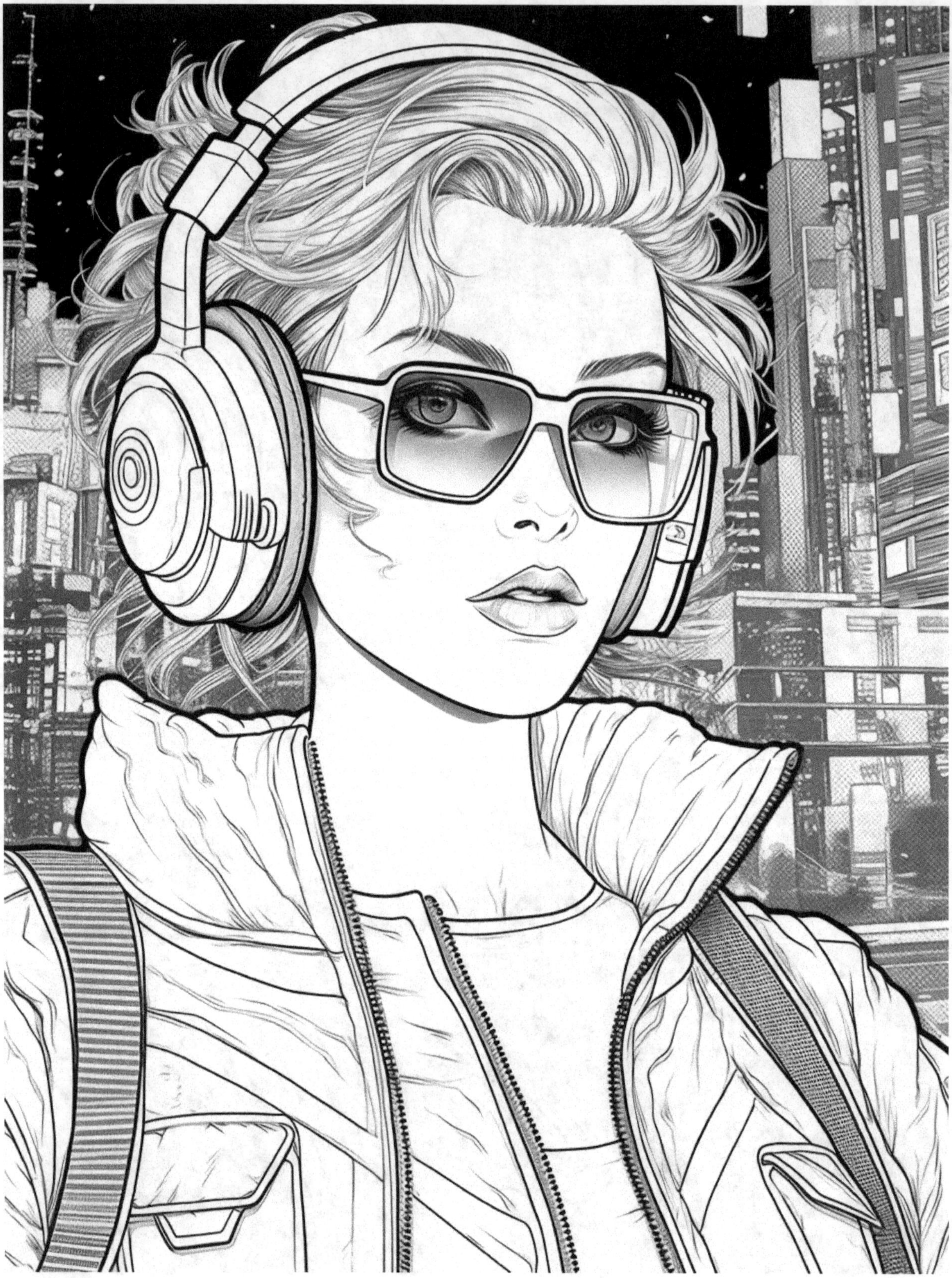

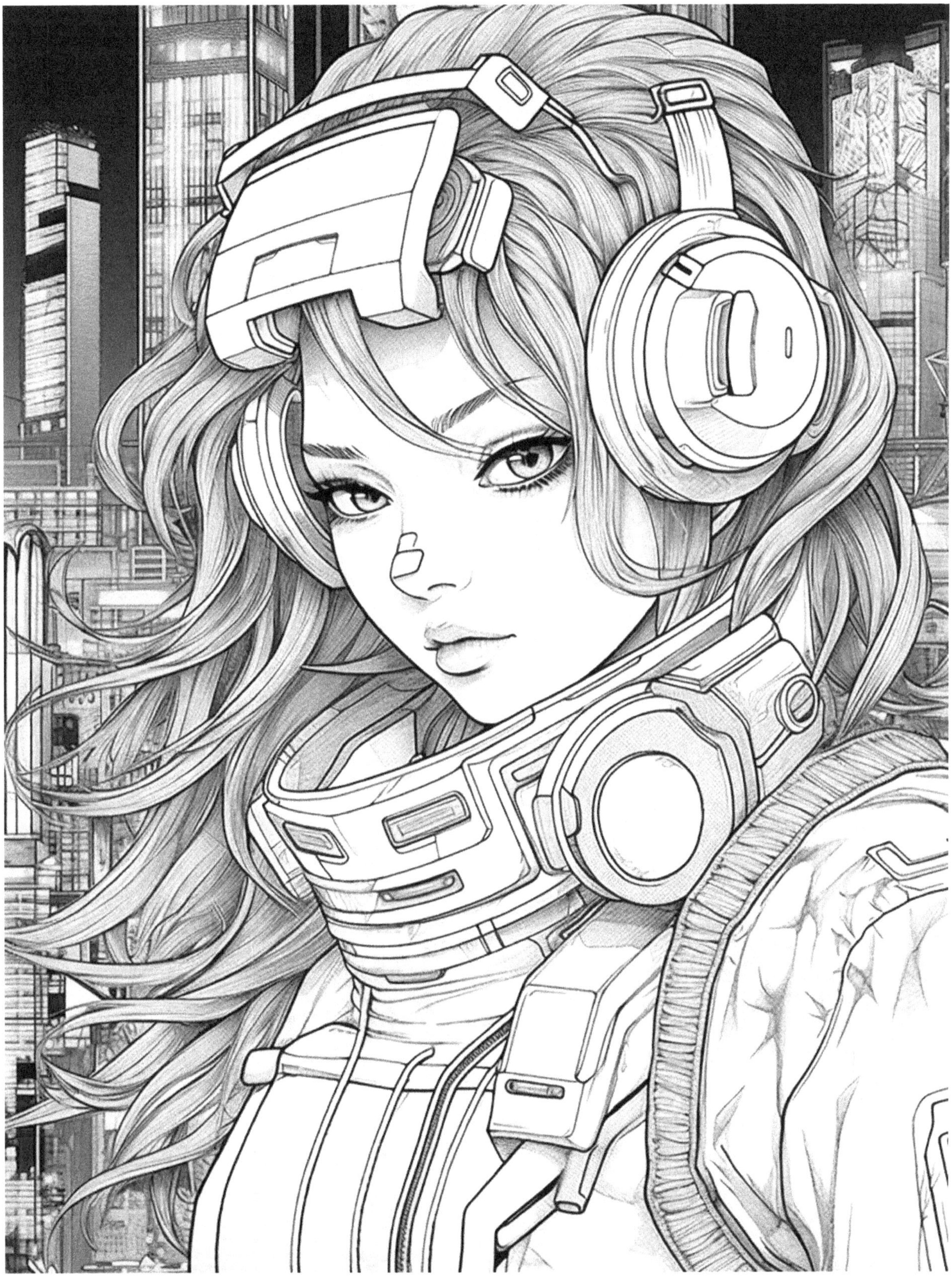

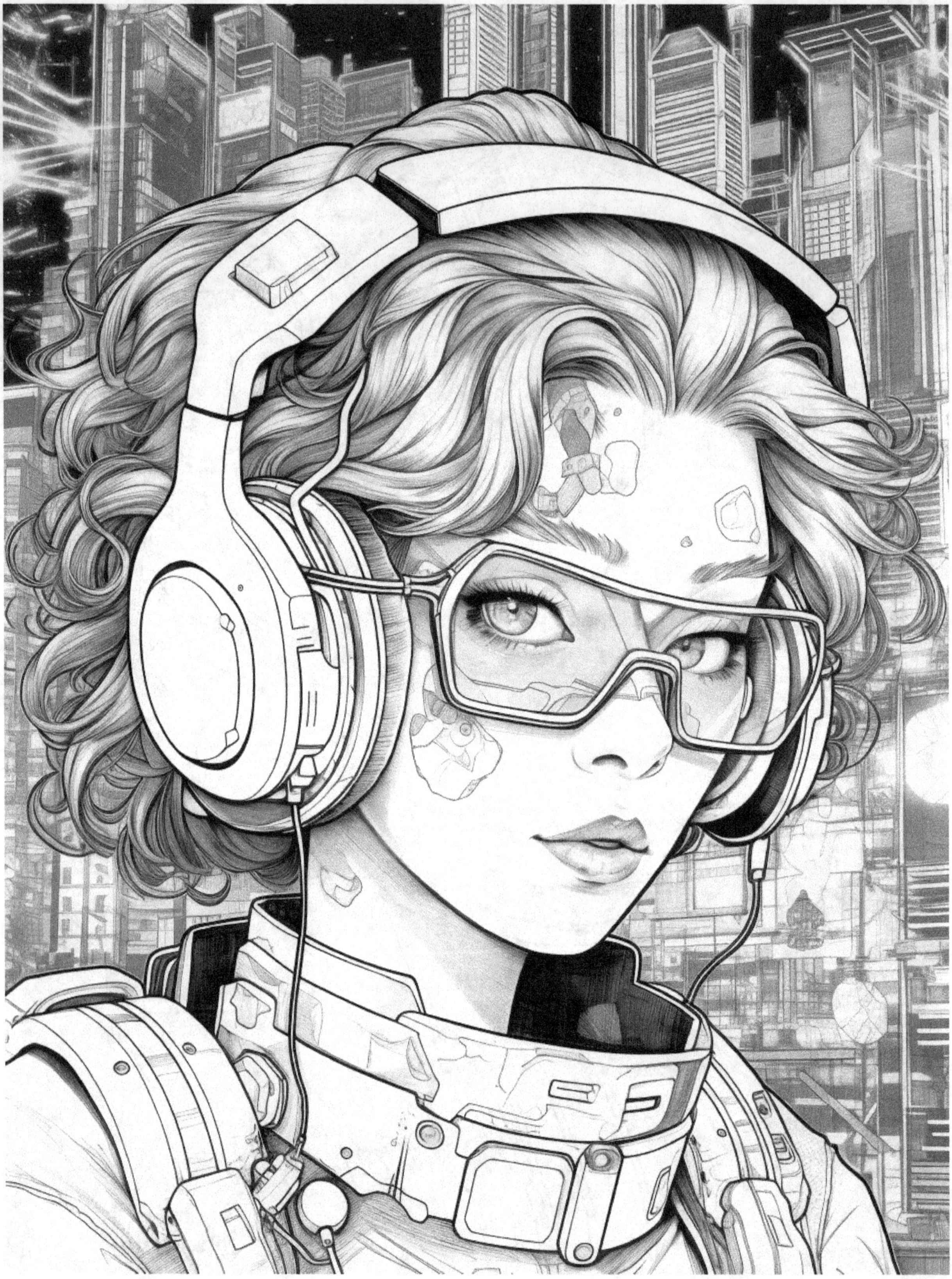

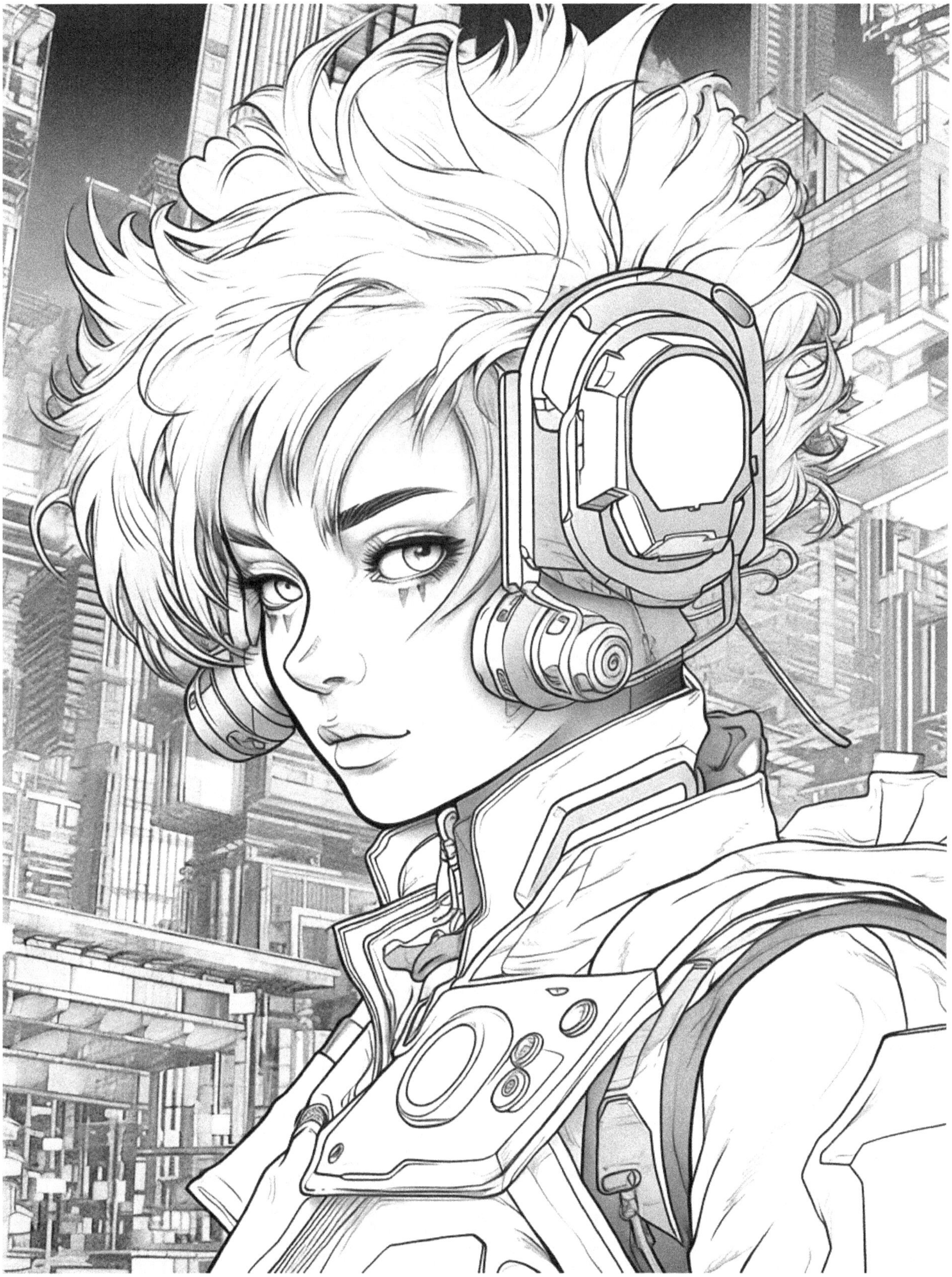

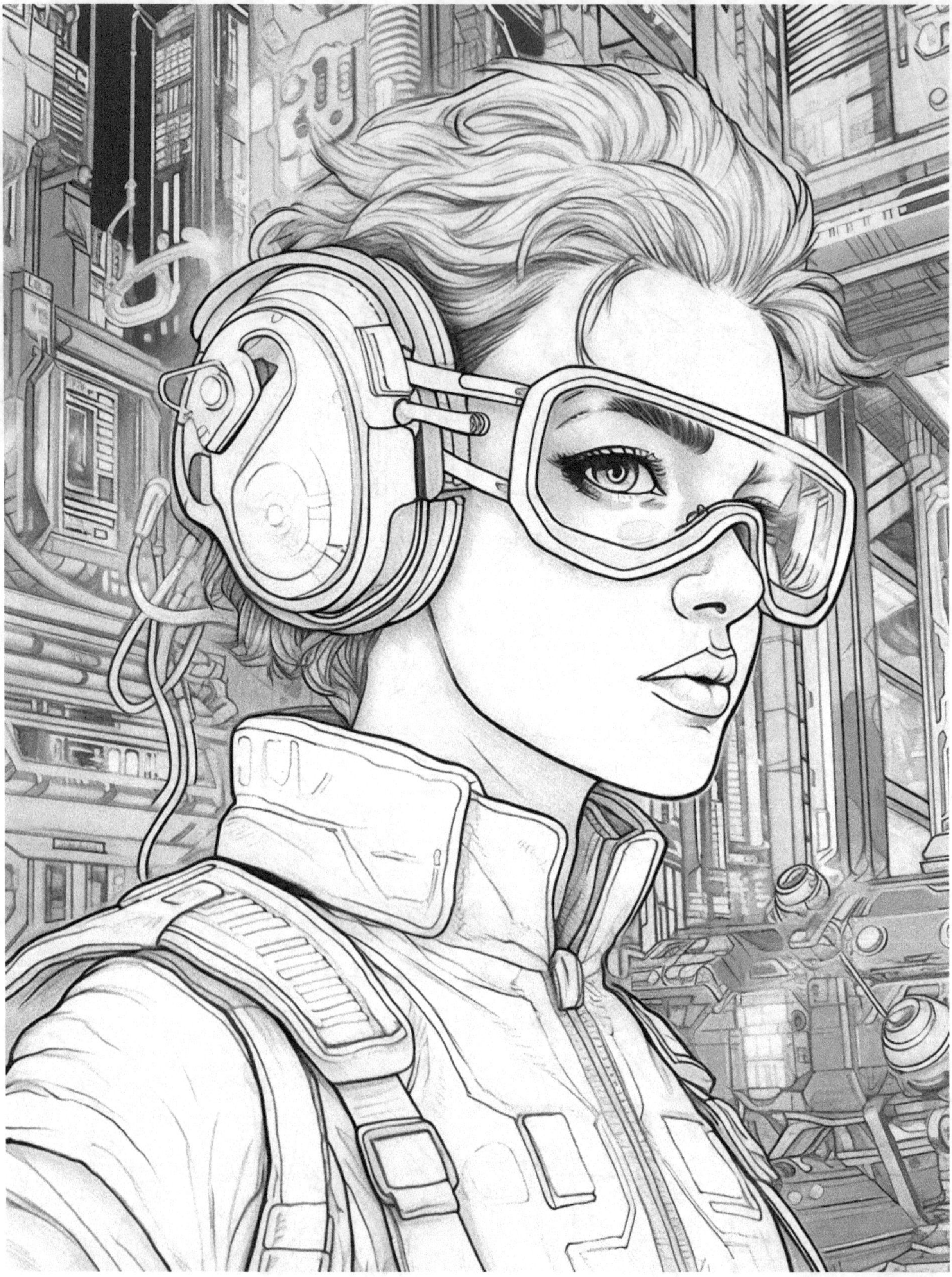

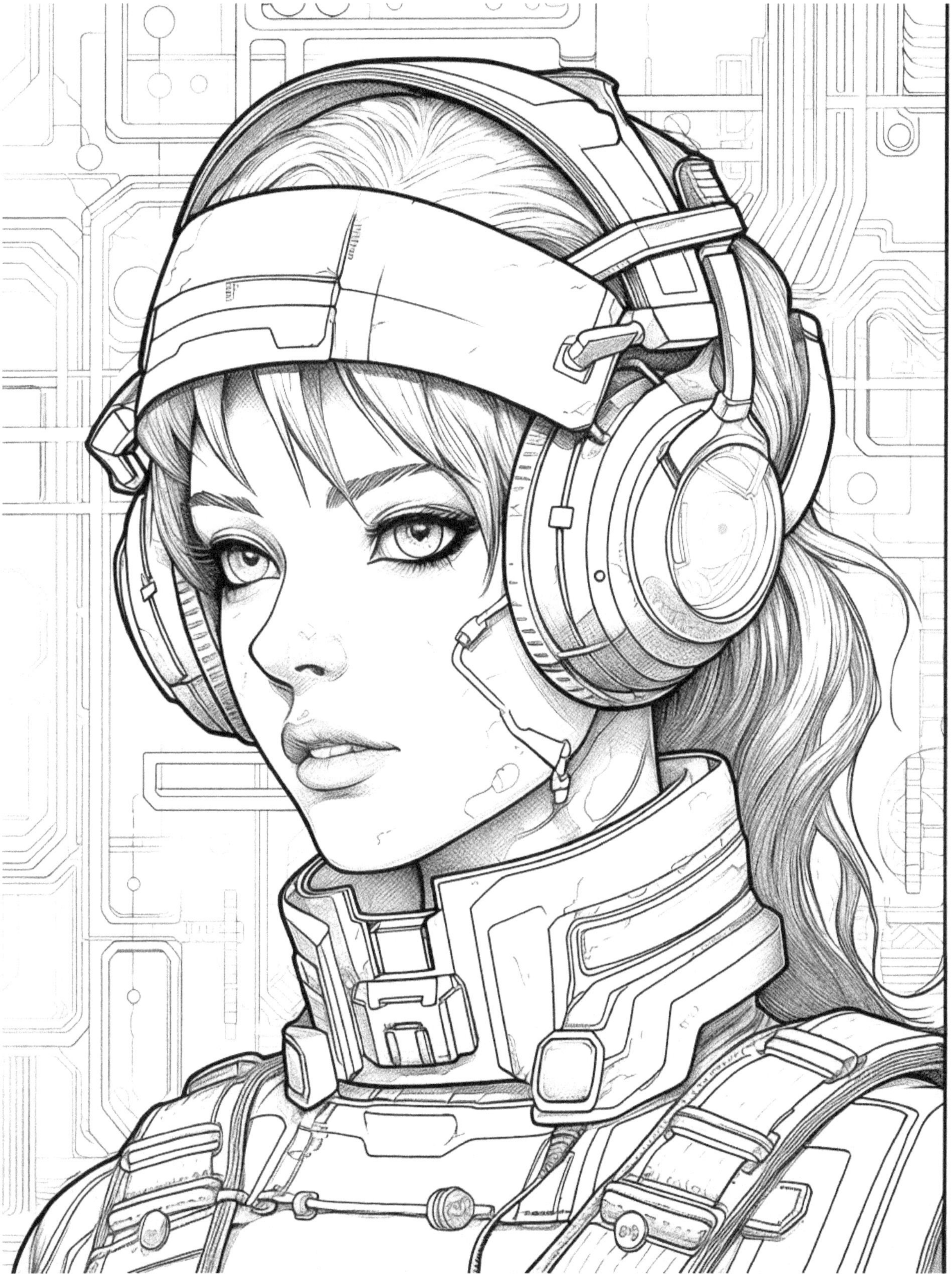

www.ingramcontent.com/pod-product-compliance
Lightning Source LLC
Chambersburg PA
CBHW080816220526
45466CB00011BB/3581
* 9 7 9 8 3 9 4 8 6 0 4 1 6 *